Vorwort

Für alle in ihren Schutzengel Verliebten — und alle, die es werden wollen

Diese Botschaften eines Schutzengels sollen *einzeln nacheinander gelesen und bedacht werden.* Jeden Tag eine.

Sie sind «eingegeben». Ihr Wortlaut hat sich mühelos ergeben. Der, dem sie gleichsam «diktiert» wurden, gibt sie nur wieder.

Dein Schutzengel schaut ständig Gottes Angesicht (vgl. Mt 18,10). Und zugleich steht er dir Tag und Nacht bei, von deiner Geburt an bis zu deinem Übergang in die andere Welt; er wird dir beim Jüngsten Gericht zur Seite stehen. Er ist dein *Begleiter in Ewigkeit.*

Er hat einen Namen. Er liebt dich; er freut sich mit dir; er weint, wenn du weinst. Er vergießt Tränen, wenn du auf den «**Vater der Lüge, den Menschenmörder von Anfang an**» (Joh 8,44) hörst. Er ist jedes Mal überglücklich, wenn du eine Anstrengung unternimmst, die dich Jesus ähnlicher macht, der «**sanftmütig und von Herzen demütig**» ist (Mt 11,29), jedes Mal, wenn du gemäß der Liebe lebst, wie sie der Apostel Paulus beschreibt (1 Kor 13).

Die vorliegenden Botschaften sind ein Widerhall des Evangeliums, der Guten Nachricht, die den Menschen von Jesus Christus verkündigt worden ist. Oder auch ein Widerschein des irdischen Lebens des Gottessohnes.

* * *

Hier ein paar Hinweise:

1. Dein Schutzengel, lieber Meditierender, dein «Vormund und Hirte», sagt dir nichts anderes. *Sinne über diese Botschaften nach, als kämen sie von ihm,* Höre im-mer auf ihn, du wirst seine Stimme schließlich «vernehmen». *In diesen Botschaften spricht er täglich zu dir.*

2. Der Zweck dieses Büchleins ist es, dir die ständige Anwesenheit deines Schutzengels an deiner Seite täglich stärker bewusst zu machen.

3. Lies die Botschaft des Tages am Morgen. Lies sie am Abend noch einmal. Wenn du das treu durchführst, wirst du in einem Jahr auf deinem Weg der Heiligkeit vorangekommen sein. Und du wirst viel glücklicher sein.

Pater Pio, der 1999 selig gesprochen wurde, sah seinen Schutzengel und unterhielt sich mit ihm. Pius XI. und Johannes XXIII. gaben ihrem Schutzengel Aufträge; ahme sie nach!

4. Wenn du während des Jahres mit dem Nachsinnen über die 365 Botschaften beginnst, fange am 1. Januar des folgenden Jahres wieder an. Unbemerkt steigern sich ihre Aussagen. Du kannst sie mehrere Jahre nacheinander durchgehen. Es sind Worte des Lebens. Sie sind unausschöpflich.

R. L.

Januar

1. Januar

Die Vorsehung hat mich dir für alle Ewigkeit zur Seite gestellt. Vom Mutterschoß an behüte ich dich. Durch göttliche Wahl bin ich dein Begleiter. Bitte, teile meine Liebe zu dir. Mache dir das unzerreißbare Band, das uns vereint, immer deutlicher bewusst.

2. Januar

Ich bin bei dir, um dir zu dienen. Bediene dich meiner. Du kannst mich mit einem bestimmten Auftrag zum Schutzengel jedes beliebigen Menschen senden. Johannes XXIII. hat seinen Schutzengel nach dem Beispiel Pius' XI. oft mit einem Auftrag betraut.

Ich freue mich sehr, wenn ich dir dienen kann und wenn ich dich innerlich wachsen sehe. Deine Seele ist in den Augen des Herrn unendlich wertvoll.

3. Januar

Gott hat dir die Gabe der Freiheit geschenkt. Eine wunderbare und zugleich furchtbare Gabe! Du bist Herr deiner Handlungen. Vor jeder Tat öffnen sich vor dir zwei Wege: der des Guten, das in Gott ist, und der des Bösen, der den verderbten Plänen des «**Fürsten dieser Welt**» (Joh 12,31) dient.

Bete, dass es dir bei der Wahl des einzuschlagenden Weges nie an Klarheit fehlt und auch nicht an dem Mut, dich stets zu Gunsten des Weges zu entscheiden, der zur Liebe des Herrn führt. Ich bete für dich.

4. Januar

Je enger unser Bund ist, desto klarer erkennst du meine Ratschläge. Das Gebet trifft dafür Vorsorge und ebenso für ein immer lebhafteres Bewusstsein meiner Gegenwart bei dir, meiner Liebe und meiner vollkommenen Hingebung.

5. Januar

Geh furchtlos voran, die Freude Jesu Christi im Herzen. Der wahre Jünger fürchtet sich nicht, gleich welche Prüfungen er durchzumachen hat; er ist voller Freude, auch bei Widrigkeiten. Die Freude Christi ist tief in dir eine nie versiegende Quelle, sofern du mit dem Herrn innig vereint bleibst. Jesus legt im Evangelium so viel Wert auf diese umsonst gewährte Gabe der Freude, die er den Seinen brennend gern geben möchte.

6. Januar

Oft sei ein Lobpreis auf deinen Lippen. Beginne den Tag mit Lobpreis und beschließe ihn ebenso. Dafür bist du erschaffen. Der Lobpreis ist der hochgemute Ausdruck deiner Liebe. Wir, die Engel, loben den Herrn ohne Unterlass. Preise ihn für seine unendliche Herrlichkeit, seine Liebe und Güte, für seine Barmherzigkeit und seine Vergebung.

7. Januar

Um Gott zu loben, nimm einen «Lobpreis-Psalm»[1], wie er aus dem Herzen eines der großen Beter des Alten Bundes gekommen ist; oder lasse aus deinem eigenen Herzen einen kleinen Augenblick lang Worte aufsteigen, die deine Liebe zu Gott und dein Entzücken angesichts seiner Schöpfung ausdrücken. Dein Lobpreis sei immer von Dankbarkeit für die Gabe des Lebens und des christlichen Glaubens getragen. Du bist von Jesus erwählt worden. Zeige dich dieser göttlichen Erwählung würdig.

8. Januar

Bewahre Christi Frieden mit größter Sorgfalt. Lasse nicht zu, dass die Zerstreuungen, der Lärm und das Getriebe der Welt die unschätzbare Gabe des inneren Friedens stören. Bewahre ihn um jeden Preis.

9. Januar

Wie glücklich war ich gestern bei dir! Du hast einen Angriff des Versuchers über dich ergehen lassen, hast widerstanden und bist aus diesem Kampf als Sieger hervorgegangen. In solchen bedrohlichen Augenblicken kann ich nichts anders tun als für dich zu beten. Es ist

---

1. Lobpreis-Psalmen: 8, 29, 33, 69, 100, 103, 104, 111, 113, 114, 115, 117, 134, 135, 136, 139, 145, 147, 148, 149, also 24 von insgesamt 150 Psalmen.

vorgekommen, dass du dich von dem «**Vater der Lüge**» (Joh 8,44) hast besiegen lassen. Ich stehe machtlos bei deiner Niederlage und bin darüber tief unglücklich. Dann flehe ich zum Herrn, er möge dich in deinem Unglück — das auch das meine ist — mit seiner Barmherzigkeit bedecken.

10. Januar

Einige Male haben Schutzengel vom Herrn die Erlaubnis bekommen, sichtbar zu werden. So war es bei Pater Pio und der heiligen Gemma Galgani. Für gewöhnlich nährt der Glaube sich vom Unsichtbaren. Jesus sagt: «**Selig, die nicht sehen und doch glauben**» (Joh 20,29). Wir sehen uns einst im Paradies, in der blendenden Schönheit des göttlichen Lebens. Bis dahin kämpfe tapfer um die Erlangung des Paradieses. Ich bin in ständigem Gebet treu an deiner Seite.

11. Januar

Der Herr schenkt ohne Berechnung. Bitte ihn um viel und es wird dir viel gewährt. Vorausgesetzt, deine Bitte steht im Einklang mit den Erfordernissen deines ewigen Heils, mit dem Wohl deiner Seele. Oder mit dem Wohl der Seele, für die du um eine Gnade bittest.

Das Leben ist so kurz. Verliere keine Zeit mit vergänglichen Gütern, die wie Seifenblasen sind. Unter dem Blickwinkel der Ewigkeit sind nur die Güter deiner und deines ewigen Lebens würdig, die diese Welt überdauern, in der du deine Zeit in der «**großen Bedrängnis**» (Off 7,14) zubringst.

12. Januar

Sprich während des Tages oft Jesu Namen aus. Er hat eine außergewöhnliche Wirkungs- und Heilkraft. Du wirst die Menschen und die Ereignisse mit anderen Augen ansehen, es wird dir wie Schuppen von den Augen fallen. Die Schuppen der Sünde, die alles verzerrt. Dann erscheint im Licht der Gnade die Schau der allumfassenden Liebe, so wie der Apostel Paulus sie in seinem Hymnus an die Liebe beschrieben hat (1 Kor 13).

Ja, der heilige Name Jesu komme oft über deine Lippen wie ein Aufwallen der Liebe.

13. Januar

Der Gipfel des Gebets zum Herrn ist die Eucharistie. Sie ist das Gedächtnis seines ganzen Lebens von der Krippe bis Kalvaria. Sie setzt sein Kreuzesopfer gegenwärtig. Sie mündet in die Auferstehung, die eure Auferstehung nach sich zieht. Nimm so oft wie möglich und mit ganzem Herzen an der Eucharistiefeier teil.

14. Januar

Bete mit dem Herzen; es ist die Lebensmitte deines ganzen Wesens. Beten besteht nicht in einer Flut von gedankenlos hergesagten Worten. Es ist ein Aufwallen der Liebe und in den Augen des Herrn so kostbar.

Überlasse dich oft der stillen Betrachtung. Die Herzensgemeinschaft der Liebenden kommt ohne Worte aus. Dasselbe gilt für die Herzensgemeinschaft mit Jesus Christus.

15. Januar

Mache dich zunehmend frei von deinen irdischen Wünschen. Erforsche die Wünsche des Guten Hirten; das Evangelium offenbart sie dir. So machst du dich zu einem Kanal der Gnaden des Herrn für dich und alle, die du liebst, sowie für diejenigen, für die du betest. Der Gute Hirte braucht dich, du bist sein Gehilfe.

16. Januar

Behalte die Schätze nicht für dich allein, die du durch den Heiligen Geist, der in dir wohnt, aus dem Herzen Gottes schöpfst. Teile sie mit denen, die in einer unheilen Welt Hunger und Durst nach der Wahrheit haben; in dieser Welt kann der «**Vater der Lüge**» sein todbringendes Werk leicht fortsetzen. Der Herr braucht dich, um ein wenig von seinem Licht den Seelen zu werfen, schenken, die ihren Weg in der Finsternis suchen, die Seelen, mit denen du in Verbindung bist.

17. Januar

«**Von Gott her seid ihr in Jesus Christus**» (1 Kor 1,30). Wie muss er für diese hocherhabene Gabe gepriesen werden! Ach, wenn du die Macht des Lobpreises kennen würdest! Er bringt Wunder hervor. Bringe Gott im Lauf des Tages ein kurzes Lobgebet dar, einen einfachen Ausruf: «Danke, Herr für die Gabe des Lebens! — Danke, Herr, für diesen Augenblick der Freude!» Aber ebenso auch: «Danke, Herr, für diese Prüfung…»

18. Januar

Richte gegen das Geschenk der Gnaden, die von Gottes Herzen zu deinem fließen, kein Hindernis auf. Das große Hindernis ist die Selbstsucht. Das Heilmittel dagegen liegt in der Nachahmung Jesu: **«Lernt von mir, denn ich bin sanftmütig und von Herzen demütig»** (Mt 11,29). Sanftmut und Demut sind hochwirksame Mittel gegen die Selbstsucht. Dank dieser beiden werden die Jünger die verfallende Welt für das Evangelium erobern. Jeder Jünger, der sanftmütig und von Herzen demütig geworden ist, ist durch die Teilnahme an dieser Eroberung ein «zweiter Christus». Ahme auch du Jesus nach.

19. Januar

«Betet ohne Unterlass» (1 Thess 5,16). Nimm dieses vom Geist eingegebene Wort des Apostels wörtlich. Bete morgens nach dem Aufwachen und abends beim Zubettgehen. Bete, wenn du deine Mahlzeit einnimmst, bete bei der Arbeit, bete beim Ausruhen. Bete in jeder Lage. Einfach dadurch, dass du deine Seele ganz kurz zu Gott erhebst, am Anfang jedes neuen Tagesabschnittes, indem du ihn aufopferst; dann erfülle deine Pflichten. So werden dir Arbeit, Nahrung, Bewegung und Ruhe ganz und gar zum Gebet und du gehorchst der dringenden Aufforderung des Apostels Paulus.

Nimm diese ausgezeichnete Gewohnheit ab heute an. Ich begleite dich immer im Gebet.

20. Januar

Wenn du tagsüber an meine Gegenwart bei dir denkst, erinnere dich an Jesu Worte über die Schutzengel der Kinder: **«Ihre Engel im Himmel schauen allezeit das Angesicht meines Vaters im Himmel»** (Mt 18,10). Ja, während ich in jedem Augenblick bei dir bin, betrachte ich das vor Schönheit und Heiligkeit strahlende Antlitz unseres himmlischen Vaters. Eines Tages werden wir es gemeinsam betrachten und die ganze Ewigkeit hindurch in dieser seligen Schau überglücklich sein.

21. Januar

Nimm Jesu Worte niemals leicht. Sie sind Gottes Wort. **«Wenn ihr nicht umkehrt und werdet wie die Kinder, so werdet ihr nicht in das Himmelreich eingehen»** (Mt 18,3).

Wie wird dieses Wort erfüllt? Indem wir, in der Nachahmung Jesu, **«sanftmütig und von Herzen demütig»** werden. Ich unterstütze dich mit meinem Gebet. Bei jedem Schritt, der dich diesem Ziel näher bringt, ist mein Herz fröhlich.

22. Januar

Jesus möchte dich zu seinem Freund machen. Je ähnlicher du ihm bist, desto fester wird die Freundschaft, die dich mit ihm verbindet. Welches Vorrecht, zu den Freunden des Herrn zu zählen! Was tut man nicht alles für einen Freund! Was musst du nicht alles tun, um diese Freundschaft, die dich mit Jesus verbindet, ständig fester werden zu lassen. «**Ich nenne euch nicht mehr Knechte, ich nenne euch Freunde**» (vgl. Joh 15,15). Diese Freundschaft aller Freundschaften zu besitzen heißt, einen unvergleichlichen Schatz zu besitzen. Ich freue mich so sehr, dich im Besitz dieser Freundschaft zu sehen. Sie wird immer enger. Sie hat in der Liebe keine Grenzen.

23. Januar

«**Gott ist Liebe**» (1 Joh 4,8). Dein Leben reicht nicht aus, um die Betrachtung dieser drei erhabenen Worte auszuschöpfen. Wir Engel wissen durch die ständige Betrachtung, was diese Erklärung Gottes bedeutet. Wir brennen vor Verlangen, diese tiefe Kenntnis mitzuteilen. Eines Tages werde ich sie mit dir teilen. Dann habe ich die mir vom Herrn aufgetragene Aufgabe erfüllt, dich während deiner «**großen Bedrängnis**» zu begleiten, die jeder Mensch durchmachen muss, bevor er die ihm verheißene «**Wonne zu seiner Rechten auf ewig**» (Ps 16,11) genießen kann.

24. Januar

Die Gefahren und Prüfungen, die du im Leben durchzumachen hast, sind — weit davon entfernt, dich im Wachsen zu hemmen — dazu bestimmt, dieses Wachstum zu beschleunigen. Bemühe dich, sie zu überwinden, wie schwierig es auch sei. Nie wird es dir dabei an Gnade fehlen. Auch nicht an meinem Gebet an deiner Seite.

25. Januar

Vergiss die Schatten der Vergangenheit. Erinnere dich allein an die lichtvollen Tage deines bisherigen Weges. Alle diese Tage sind von der Liebe erhellt worden.

Vergiss deine Niederlagen, in den Augen des Herrn bedeuten sie nicht viel. Sie sind vergeben und vergessen. Was zählt, ist deine Entschlossenheit, voranzugehen und dem Herrn immer ähnlicher zu werden. Er hat die Last deiner Vergangenheit, deiner Sünden auf sich genommen. Setze dein Vertrauen in sein Herz. Vertraue vollkommen und ohne jede Einschränkung.

26. Januar

Begegne dem Herrn überall. Sei ohne Furcht. Wo du hingehst, bring ein neues Leben mit, das Leben des Heiligen Geistes, der in dir wohnt. Gottes Geist, der alles verwandelt. Es genügt, dass du in seinem Dienst ein wirksames Werkzeug bist. Immer wenn du als Werkzeug des Herrn arbeitest, helfe ich dir mit großer Freude.

27. Januar

Überlasse dich den Eingebungen des Herrn. Misstraue den Strebungen deines armen Menschenwesens. Der Herr braucht dringend Werkzeuge, um seinen Liebesplan für die Menschheit zu verwirklichen, seinen Liebesplan für jedes Glied dieser beständig von dem «**Menschenmörder von Anfang an**» (Joh 8,44) verführten Menschheit. Die Werkzeuge, die sich Jesus überlassen, damit er sich ihrer bediene, sind leider nur in sehr geringer Anzahl vorhanden. Entsprechend wird seine Wiederkunft in Herrlichkeit auf Erden dadurch verzögert. Sei ein Werkzeug und beschleunige seine Wiederkunft.

28. Januar

Verwende mehr Zeit darauf, mit Jesus allein zu sein. Jedes Mal wird deinem Herzen eine größere Freude entspringen. Solche kostbaren Augenblicke sind Stufen des inneren Wachstums. Wie wir Engel euch darum beneiden, dass ihr den unendlichen Reichtum genießen könnt, der aus der Betrachtung Christi, des menschgewordenen Wortes, strömt, der Betrachtung von Angesicht zu Angesicht. Und dass ihr so an seinem göttlichen Wesen teilhaben könnt. Wenn du das alles gut verstündest, würde Jesu Gegenwart bei dir ein Genuss für dich sein. Jesus ist der neue Adam, das Wort des Vaters, der einzige Erlöser der Welt. Mache Jesus zu deinem Geliebten. Dann machst du mich sehr glücklich.

29. Januar

Der Herr Jesus ist immer in Rufweite bei dir. Suche oft bei ihm Zuflucht. Wie glücklich ist er, dir helfen zu können. Er, der Gott allmächtige. Setze dein ganzes Vertrauen in Jesus. Er wird dir unfehlbar helfen. Es genügt, dass du dich ihm anvertraust, dem Gott aller Liebe und allen Zusammenhaltes, dem Erlöser und Wiederhersteller der Menschen und der Welt, in dem sich die Herzen verbinden. Er wartet nur darauf, deine Stimme, deinen Ruf zu hören.

30. Januar

Du gehörst zu Gottes Volk, bist von der Masse getrennt. Du bist ein Botschafter der Liebe, wie sie der Apostel Paulus in seinem Brief an die Korinther beschrieben hat. Bete, dass dir diese Liebe geschenkt wird. Verbreite sie um dich her. Entzünde überall das Feuer Jesu, der gekommen ist, um es der Erde zu bringen. Und das nur teilweise gezündet hat. Ich bete an deiner Seite, ich bete mit dir, damit auch du dich zu einem Funken machst, um dieses göttliche Feuer zu verbreiten.

31. Januar

Dein Leben, das wie jedes Menschenleben mit Christus in Verbindung steht, ist eine Liebesgeschichte. Die vom Teufel verdorbene Welt hat so viele «Vertreter» Jesu nötig. Sei ein guter Vertreter des Herrn. Es sind so viele Menschen da, deren verwirrtes Herz dich braucht. Durch dich werden sie den Weg zu Gott entdecken. Sie werden dort so viele unbekannte Schätze entdecken und werden endlich ihre eigene Liebesgeschichte beginnen. Sie haben nicht die geringste Vorstellung davon. Überlasse dich ganz und gar dem Herrn, den es nach deiner Liebe dürstet und der eure Liebesgeschichte mit dir weiterführen möchte. Ich will dich dabei in jedem Augenblick und unter allen Umständen von ganzem Herzen begleiten.

Februar

1. Februar

Verneigen wir uns vor der Allerheiligsten Dreifaltigkeit und beten wir unseren Gott an…

Mache es dir zur Gewohnheit, die Allerheiligste Dreifaltigkeit morgens und abends einen kurzen Augenblick aus Herzensgrund anzubeten. Sie ist ein Meer der Liebe, ein Meer jenes Feuers, das Jesus auf die Erde zu bringen gekommen ist.

Ich schließe mich jedes Mal deiner Anbetung an.

2. Februar

Wenn du die Güte des Vaters im Himmel kennen würdest! Mein Herz schmilzt vor Liebe, wenn ich ihn betrachte. Ich freue mich bei dem Gedanken, dass ich dieses Glück eines Tages voll und ganz mit dir teilen werde; keine menschliche Zunge kann dessen Süßigkeit und strahlende Schönheit ausdrücken.

Denke heute inmitten deiner Tätigkeiten an den Augenblick, in dem du die unaussprechliche Herrlichkeit des Vaters im Himmel entdecken wirst. Dann werde ich bei dir sein.

3. Februar

Bewahre deine Zunge vor jedem bösen Wort; sie ist ein Schatz, verwandle sie nicht durch Verleumdung in einen Abwasserkanal.

Vergiss nicht einen Augenblick, dass in dir der Heilige Geist wohnt; dein Leib ist eine heilige Stätte. Liebe ihn, achte ihn.

Du bist in den Augen des Herrn ein «**Wunder**» (Ps 139,14). Bleibe dieser göttlichen Erwählung stets würdig.

4. Februar

In Gottes Reich herrscht Einfachheit. Halte dich immer an die einfachen Werte. Liebe und verehre, was demütig und einfach ist. Das ist ein Unterscheidungsmerkmal alles Göttlichen. Mögen sich deine Wertmaßstäbe nie denen der Welt angleichen. Diese sind vielschichtig, wirr, zweifelhaft und sonderbar. Suche Jesus ohne Unterlass. Du findest ihn stets in der Einfachheit. Sinne über das Leben nach, das er bei den Jüngern geführt hat. Du wirst darin niemals das kleinste Zeichen von Unklarheit oder Verwirrung finden. Ahme ihn auch in seiner Einfachheit nach.

5. Februar

Wenn du auf den Heiligen Geist in deinem Innersten hörst, spanne deine fünf Sinne an. Gottes Stimme wird nur in dem sanften Säuseln, in der Stille vernommen. Halte in dir jeden Tag ein wenig Stille und horche... Schließlich hörst du unaussprechliche Worte. In solchen bestimmten Augenblicken bin ich dir ganz besonders nah.

6. Februar

Jesus versucht, dich so heranzubilden, dass du die höchsten für Menschen erreichbaren Gipfel erklimmen kannst. Einer dieser Gipfel ist die Liebe, die man jemandem entgegenbringt, der nach dem Geist der Welt nichts als Abneigung und Verachtung verdienen würde. Du aber, der du Jesu Jünger sein willst, kannst dich seinem Gebot nicht entziehen, das da lautet: **«Liebet eure Feinde, tut Gutes denen, die euch hassen, segnet, die euch verfluchen, und betet für die, welche euch verleumden»** (Lk 6,27-28).

Du bist auf diesem sehr schmalen Weg noch kaum vorangekommen. Verliere nicht den Mut. Versuche diesem ausdrücklichen Befehl des Herrn zu gehorchen, dann entdeckst du unbekannte Freuden.

7. Februar

Löse dich von dem menschlichen Tun und Treiben. Sinne über das nach, was Jesus sagt, wenn er den Propheten Jesaja anführt: **«Dieses Volk ehrt mich mit den Lippen, aber sein Herz bleibt fern von mir; sie ehren mich vergeblich, denn sie lehren nur angelernte Menschensatzung»** (vgl. Jes 29,13). Nimm nicht den Geist der Pharisäer und Schriftgelehrten an. Das Wort Jesu wird dir stets den rechten Weg zeigen.

8. Februar

Jesus hat Petrus und den Aposteln die Macht «**zu binden und zu lösen**» übertragen; die «**Schlüssel des Himmelreiches**» hat er nur Petrus übergeben (Mt 16,18). Diese Schlüssel verleihen Petrus den Primat, die höchste Autorität in der Kirche. Um zu binden und zu lösen, müssen die Apostel mit Petrus in Verbindung sein, die Bischöfe als ihre Nachfolger mit dem Papst, dem Nachfolger des Petrus. Im Zweifelsfalle schau auf den Papst; er allein hat die Schlüsselgewalt.

9. Februar

Achte nicht auf die Vorhersagen vom Weltuntergang. Höre, was Jesus dazu sagt: «**Jenen Tag und jene Stunde kennt niemand, auch nicht die Engel des Himmels, auch nicht der Sohn, sondern nur der Vater**» (Mt 24,36). Darum verlangt der Herr von seinen Jüngern, sich in jedem Augenblick bereitzuhalten. Verliere deine Zeit nicht damit, nach solchen unnützen Vorhersagen Ausschau zu halten.

10. Februar

Wenn du Jesus folgst, bist du notwendigerweise ein «**Menschenfischer**» (Mk 1,17). Verliere diesen hohen Auftrag nicht aus den Augen. Hilf Jesus, neue Seelen zu gewinnen durch das Gebet, das Zeugnis deines christlichen Lebens inmitten einer heidnischen Welt und durch das Wort, wenn sich dazu Gelegenheit bietet. Das Geschenk des Glaubens, aus dem du Gewinn ziehst, erlegt dir die Aufgabe auf, unsterbliche Seelen zu retten. Wenn du das tust, machst du Jesus überglücklich. Erinnere dich an seine erschütternde Klage am Kreuz: «**Mich dürstet**» (Joh 19,28). Nach Wasser und nach Seelen. Du kannst diesen Durst löschen helfen. Wie beglückwünsche ich dich darum, dem Herrn derartig helfen zu können.

11. Februar

Jesus sorgt für uns. Habe nie Angst; außer der Gottesfurcht kennt der wahre Jünger keine Furcht. Zweifle nie an seiner Macht und Liebe. Sei beharrlich. Der Sieg stellt sich nach deinem Geschmack manchmal nur recht zögernd ein. Beharrlichkeit endet immer mit dem Sieg. Suche den Herrn ohne Unterlass. Opfere ihm ständig deine Liebe auf. Und seine Freude möge in dir bleiben.

12. Februar

Du strebst nach Vollkommenheit und entdeckst dabei deine Schwächen. Der Herr sieht vor allem deine Treue und deinen Glauben. Werde wegen deiner Schwächen nicht traurig: Opfere sie dem Herrn auf. Sage mit dem Apostel: «**Wenn ich schwach bin, bin ich stark**» (2 Kor 12,10). Deine Stärke liegt nicht in dir. Jesus Christus schenkt sie dir, selbst wenn du schwach bist. Dem Herrn genügt dein Glaube. Verliere nie aus den Augen, dass die Werte des Himmelreiches nicht die Werte der Welt sind.

Vertiefe deinen Glauben ständig; er enthüllt dir die Werte des Himmels.

13. Februar

Mögen in deinem Leben Freude und Ruhe herrschen. Dadurch fällt dir das ständige Gebet leichter. Sind Freude und Ruhe nicht selbst eine Art Gebet? Diese höchsten Lebensäußerungen sind ganz von selbst offen für die Anbetung durch kurze, spontane Herzensaufwallungen. Streue immer wieder solche Goldsprenkel von Freude und Ruhe in dein Leben.

14. Februar

Bereite Jesus in deinem Herzen eine Empfangsstätte wie Bethanien. Er hat es so nötig, da er überall in der Welt mit Gemeinheiten und Beleidigungen überhäuft wird. So können wir ihn im Tabernakel deines Bethanien gemeinsam anbeten.

15. Februar

Bevor du mit jemandem zusammenkommst, bete für ihn. Schicke mich zu seinem Schutzengel. Jede Begegnung sei für den anderen ein Lichtstrahl; er möge sich glücklicher und besser fühlen. So muss es sein, wenn ein Jünger Christi vorüberkommt.

16. Februar

Halte immer Öl für deine Lampe bereit; so kannst du sie anzünden, wenn der Bräutigam kommt. Sei wie die klugen Jungfrauen in Jesu Gleichnis (Mt 25,1-13). Du kennst weder den Tag noch die Stunde, wenn er auf dem Weg in das ewige Reich des Vaters im Himmel bei dir vorüberkommt.

17. Februar

Sei ein lebendiges Teilchen des Sauerteigs, den der Herr in den menschlichen Teig mischt, damit er aufgeht. Wenn er genügend wirkende Jünger hätte, würde der Teig schnell aufgehen und auf diese Weise die Wiederkunft des Herrn der Ernte beschleunigen. Dass dieser Teig so langsam aufgeht und sogar manchmal in sich zusammenfällt, liegt daran, dass die Zahl der wahren Jünger zu klein, beunruhigend viel zu klein ist.

18. Februar

Jesus hat seinen Jüngern angesichts des Tempels und seiner Pracht vorhergesagt, nicht ein Stein werde auf dem anderen bleiben (Mt 24,1-2). Zwanzig Jahrhunderte später liegt er immer noch völlig in Trümmern; es besteht nicht die geringste Hoffnung, ihn jemals wieder aufzubauen. Gott hat ihn durch lebendige Tempel ersetzt. Du bist auch einer. Umgib ihn mit Pracht. Schmücke ihn mit Edelsteinen. Jedes Aufwallen der Liebe, jede echte Liebestat ist eine Perle zum Schmuck deines lebendigen Tempels. Wie freue ich mich, ihn so verschönert zu sehen!

19. Februar

«**Der Friedefürst**» (Jes 9,5) benötigt ein geordnetes Heer, dessen Glieder mit der Überwindung ihrer selbst begonnen haben. Engherzige, selbstsüchtige Kämpfer kann er nicht gebrauchen. Doch wie viele Christen sind unter letzteren! Lege die hochmütigen Wesenszüge ab, die deine Seele entstellen. Wenn ihr die Seele anschauen könntet — welch eine Überraschung gäbe das für euch! Manchmal verbirgt ein verführerisches Angesicht eine erschreckende innere Hässlichkeit. Sorge dafür, dass deine Seele immer schöner und anziehender wird für den göttlichen Gast, der darin wohnt. Ist deine Seele nicht ein Königsschloss? Schreibe das Wort Jesu mit goldenen Lettern in dein Herz: **«Wenn einer mich liebt, wird er mein Wort bewahren, und mein Vater wird ihn lieben, und wir werden zu ihm kommen und Wohnung bei ihm nehmen»** (Joh 14,23). Machst du dir dieses göttliche Vorrecht deutlich? Nur jene Menschen kommen in diesen Genuss.

20. Februar

Du fühlst dich manchmal von anderen wie beiseite geschoben und sogar abgewiesen. Das ist ein Zeichen dafür, dass du nicht von dieser Welt bist. Die dich abweisen, sprechen die Sprache der Welt, sie lassen sich von deren Gesinnungen getrieben und richten ihr Leben nach deren Zielen ein. So soll es bei dir niemals sein. Bedaure alle, die so handeln, und bete für sie.

21. Februar

Inneres Wachstum ist ein Gesetz des Himmelreiches. Ständiges, unbegrenztes Wachstum. Wie lange dein Leben auch währen mag, es ist keineswegs zu lang. Sorge dafür, dass du dieses Wachstum nie zum Stillstand kommen lässt.

22. Februar

Lasse keinen Tag vergehen, ohne das Evangelium zu öffnen. Schreibe die Abschnitte, die dich ansprechen, die deine Seele erleuchten, in ein Goldenes Buch. Du brauchst ein solches Licht in dieser Welt, in der öfter die «**Werke der Finsternis**» (Röm 13,12) herrschen als die «**Waffen des Lichts**» *(ebd.)*. Und sei selbst ein Widerschein Dessen, der gesagt hat: «**Ich bin das Licht der Welt**» (Joh 9,15). Ich behüte dich und bete für dich, dass es so sei.

23. Februar

In einigen Winkeln ist deine Seele noch krank. Denke an den großen Heiler. Geh zu ihm, zeige ihm das Übel, an dem du leidest. Bitte ihn, dich «abzuhorchen»; er wird dir die eine oder andere unerwartete Krankheit aufdecken. Folge treu seinen Verordnungen. Bitte ihn, nicht nur deine körperlichen Übel zu heilen, sondern vor allem auch die, an denen dein Geist und deine Seele leiden.

24. Februar

Wenn du Müdigkeit verspürst, gibt es kein besseres Heilmittel, als dich bei Jesus auszuruhen. Halte einen Augenblick inne und ruhe dich aus. Die Herzensgemeinschaft mit Jesus ist die köstlichste und erholsamste Zeit. Begib dich in solche Zeiten mehrmals am Tag.

Schließe die Augen und lege den Kopf an Jesu Brust wie der Apostel Johannes. Daraus wirst du erstaunlich viel Kraft schöpfen. Dann gib diese deiner Umgebung weiter. Wenn du das tust, gleichst du der Biene, die die Blumen unwillkürlich befruchtet, wenn sie Honig sammelt. Wenn du keine Früchte siehst, so sieht sie doch der Herr.

25. Februar

Liebe den Herrn immer mehr; dann strahlt seine Liebe immer mehr auf die anderen aus. Jesus braucht dich als Vermittler des Lichtes. Je stärker der Vermittler ist, desto größer ist mein Glück.

26. Februar

Mein Herz wird ergriffen so wie deines, es teilt deine Leiden und Freuden. Denke während des Tages oft an mich. Der Herr hat mich dir für immer an die Seite gestellt. Nur dir. Wir sind Gefährten in Ewigkeit. Es macht mich überglücklich, zu sehen, wie du dich gleich einer Blume in Schönheit entfaltest.

27. Februar

Du bist eine «**Rebe**» an dem «**wahren Weinstock**», dessen «**Winzer**» der geliebte Vater im Himmel ist (vgl. Joh 15). Sei dir bewusst, dass deine Aufgabe darin besteht, «**reiche Frucht**» zu bringen. Der Saft des wahren Weinstocks versiegt niemals. Wenn du genug aus ihm schöpfst, bist du fruchtbar. Wenn du damit aufhörst, vertrocknest du. Von Zeit zu Zeit muss der göttliche

Winzer dich Rebe beschneiden, damit du mehr Frucht bringst. Dazu dienen die unausbleiblichen Leiden und Prüfungen in jedem Menschenleben. Opfere sie in diesem Geist dem Herrn auf.

28. Februar

Betrachte dich als ein Schaf der von dem Guten Hirten geführten Herde. Er erzieht dich; er führt dich aus der Finsternis ins Licht, von der Unwissenheit zum Wissen, aus dem Morast der Sünde auf die grünen Auen der Gnade. Folge ihm getreulich. Bei ihm ist Friede und Freude.

29. Februar

Es gibt keinen Sturm, den der Herr nicht stillen könnte. Lasse ihn dein Lebensschiff steuern.

März

1. März

Bald ist Frühling. Wenden wir beide uns bei seinem Kommen zum geliebten Vater, dessen strahlendes Antlitz ich unablässig betrachte.

Wie kannst du ihn kennen lernen? Auf diese lebenswichtige Frage antwortet Jesus: Jesus kennen heißt, den Vater kennen (vgl. Joh 8,19). Dieses Geheimnis hat Christus in den Mauern des Tempels von Jerusalem offenbart. Du lernst Jesus in seinem Evangelium kennen.

2. März

Verachte niemanden. Sieh, wie Jesus die Ehebrecherin behandelt. Erst rettet er ihr das Leben. Dann spricht er in äußerst mildem Ton zu ihr. Sein: «**Auch ich verurteile dich nicht**» (Joh 8,11) ist so viel wert wie alle Predigten der Welt zusammen. Doch wie Jesus darf man auch nie vergessen zu betonen: «**Geh und sündige nicht mehr.**»

3. März

Weißt du, dass du Lazarus bist? Dadurch dass Jesus sich dir offenbart und dir sein Leben eingegeben hat, hat er dich auferweckt. Es bedeutete ein großes Glück für mich, bei der Entstehung, der Entfaltung und Ausweitung deines Glaubens dabei zu sein. Ich danke Gott, dass er dich meiner Obhut anvertraut hat.

4. März

Jesus zu folgen ist der Weg des Glücks. Es ist keine Wegstrecke, auf der es viele Vergnügungen gäbe. Freude, ja, aber keine Belustigungen. Erinnere dich an Jesu Worte: «**Wenn einer mir nachfolgen will, so verleugne er sich selbst und nehme täglich sein Kreuz auf sich und folge mir nach**» (Lk 9,23). Erinnere dich auch, dass er gesagt hat: «**Kommt zu mir alle, die ihr mühselig und beladen seid**» (Mt 11,28); und er fügt hinzu: «**Denn mein Joch ist sanft und meine Last ist leicht**» (Mt 11,30). Die Welt aber legt schwere Lasten auf. Von der Welt zu Jesus hinüberzuwechseln heißt, die Last des Lebens leichter zu machen. Knüpfe das Liebesband, das dich mit Jesus verbindet, immer enger.

5. März

Der göttliche Sämann streut die Saat mit vollen Händen aus. Die Saat seines Wortes, die Saat seiner Gnaden. Dir obliegt es, den Boden gut vorzubereiten, um sie zu empfangen. Reiße immer wieder das Dornengestrüpp aus, das sich heimlich ausgebreitet hat. Das ist das Werk des Feindes, des «**Menschen der Gesetzlosigkeit, des Sohnes des Verderbens**» (2 Thess 2,3). Ich bete ständig darum, dass du es erkennst.

.Iärz

Das Gottesreich wird mit Gewalt, mit Mühe erobert. Dennoch hat der Herr dir den Zutritt zu seinem Reich nicht durch Verdienst gewährt, sondern durch reine Gnade. Denn der Herr liebt dich, vergiss das nie. In diesem Reich wohnen nur die Seelen, die dem König der Könige vollkommen ergeben sind. Seelen, die es erreicht haben, jede Spur von Eigenliebe, jeden Rest des angeborenen Hochmuts in sich auszulöschen. In dir sind noch kleine Anzeichen von Hochmut vorhanden. Grabe sie aus und pflege den auf diese Weise befreiten, guten Boden.

7. März

Dein Glaube ist eine Freudenquelle. Das war nicht immer so, weißt du noch? Die Quelle hat zu sprudeln begonnen, als du, dank dem Herzensgebet, die Herzensgemeinschaft mit Jesus entdeckt hast. Hilf anderen, dieses wunderbare, tief innerliche Sprudeln ebenfalls zu entdecken, die Quelle der Freude Christi.

8. März

In dem Kampf, den du dein Leben lang führst, ist der Gegner immer der Böse, nie eine andere Person. Jesus bittet dich inständig, sie zu lieben, wer es auch sei. Benutze in diesem ständigen Kampf niemals die Waffen dieser Welt: Neid, Feindseligkeit, Eifersucht oder Zorn. Wenn du diese einsetzt, verdrängst du dadurch die Waffen des Lichts, nämlich Liebe, Gebet, Sanftmut und

13. März

Du denkst oft an J., den Menschen, der dich von allen deinen Bekannten am meisten beeindruckt hat. Ein eifriger, strahlender Christ. J. hört auf Jesus. Treu folgt er der Stimme des Gottessohnes. So wollte er sich trotz seiner hohen gesellschaftlichen Stellung immer als den Letzten ansehen, während er ein Anrecht auf den ersten Platz hätte geltend machen können. Er wollte **«der Diener aller»** (Mk 9,35) sein. Das hat dich so tief beeindruckt. J. hat das Evangelium einfach wörtlich genommen. Unzählig viele Menschen sind immer noch von dem Eindruck geprägt, den er auf sie gemacht hat, als er in ihr Leben trat.

14. März

Dein Leben gleicht der Gipfelbesteigung eines Bergsteigers. Wie viele Mühen, aber ebenso welche Freude beim Erreichen des Zieles! Wie viele Freuden auch, bei jedem Abschnitt einen Blick auf den bereits bewältigten Weg zu werfen! Als Christ zu leben bedeutet, sich von dem Sumpf der Welt fernzuhalten, in dem so viele arme, verirrte Seelen fallen. Dein Weg ist nicht dein Verdienst; er ist reine Gnade. Vergiss das nicht.

15. März

Lies einmal die Geschichte des von Jesus geheilten blind Geborenen nach (Joh 9). Jesus benützt dieses Wunder zu einer lichtvollen Unterweisung. Nur den Pharisäern leuchtet sie nicht ein, sie fallen nur noch tiefer in die

Verblendung und breiten Angst um sich aus, wie die Eltern des blind Geborenen zeigen.

Denke gründlich nach über die Religion dieser Gesetzesgelehrten angesichts des «**Menschensohns, des Herrn über den Sabbat**» (Lk 6,5). Jesus, das Amen, speit sie aus seinem Munde aus (vgl. Apg 3,14-16). Möge dich das dazu führen, jede Spur von Vorurteil, jeden Rest des alten Hochmuts aus dir zu verbannen, der die Pharisäer kennzeichnet.

16. März

Widme dich der Betrachtung des Gottes der Milde und Güte. Gib dich wortlos der Stille der Seele hin. Bleib ganz einfach friedvoll und bewegungslos in seiner Gegenwart. Dann tritt der Heilige Geist selbst für dich ein «**mit unaussprechlichem Seufzen**» (Röm 8,26), das du nach und nach durch die Betrachtung in seiner unendlichen Süßigkeit vernehmen wirst. So möge die Betrachtung für dein Herz kostbar werden.

17. März

Mache dein Herz beim Herannahen des Frühlings bereit, die ganze Pracht der Natur zu bewundern, die der himmlische Vater dann vor deinen Augen entfaltet. Erlebe diese besondere Zeit voller Staunen. Möge dabei Dank aus deinem tiefsten Inneren aufsteigen! Als der Vater Länder und Meere, Bäume und Blumen und alle die für euer Leben nützlichen Tiere erschuf, hat er an alle nach seinem Bild geschaffenen Menschen gedacht, er hat an dich gedacht. Er hat die Schöpfung den Menschen

anvertraut, damit sie sie schöner machen und lieben. Deine Liebe zu den Blumen und den Bäumen zeugt von deiner Liebe zu dem unendlich freigebigen Schöpfer.

18. März

Der Himmel ist Liebe, alles ist dort Liebe. Und die Liebe, die dort herrscht, lässt sich nicht in Worte kleiden. Der Apostel Paulus hatte das Glück, «**bis in den dritten Himmel erhoben zu werden**» (2 Kor 12,1-3). Er, der die geistlichen Wahrheiten so gut auszudrücken vermag, fand einfach keine Worte in der menschlichen Sprache, um zu beschreiben, was er gesehen und gehört hatte. Er flüchtet sich ins Schweigen.

Ich bin im Paradies. Ich bin auch auf der Erde und dir nahe, solange du lebst. Wenn du in der heiligmachenden Gnade bist, bin ich glücklich; entfernst du dich daraus, leide ich. Wenn du wüsstest, wie sehr ich dich liebe!

19. März

Du gehörst zum Neuen Israel, das Jesus Christus gegründet hat. Du bist mit allen seinen Gliedern zu den Menschen gesandt, um die Gute Nachricht zu verkünden. Liebe die Kirche, sei ihrer würdig. Sie ist Christi Leib. Du gehörst dazu. Beteilige dich an der Verkündigung durch das Gebet, das Beispiel deines Lebens und das Wort, wenn du eine bedrückte Seele triffst. Und dadurch dass du dem Herrn deine Arbeit aufopferst.

20. März

Der Herr ist anspruchsvoll in seiner Liebe. Seine Zehn Gebote sind für dich im Grunde eine Art Übung, durch die du in den Himmel kommst. Das Evangelium stellt dir die ganze Ausrüstung zur Verfügung, um den Langstreckenlauf, der das Leben ist, zu gewinnen. Die Krone ist das ewige Leben. Dort wirst du Gott ähnlich sein, weil du ihn von Angesicht zu Angesicht sehen wirst «**so wie er ist**» (vgl. 1 Joh 3,2).

21. März

Wie glücklich bin ich, dich morgens zur Messe, zum Mahl des Herrn, begleiten zu können! Bei diesem Vorspiel zum «**Hochzeitsmahl des Lammes**» (Off 9,19), an dem wir einst im Jenseits gemeinsam teilnehmen, halte ich mit dir zusammen Anbetung. Bleibe dieser heilsamen Gewohnheit treu, durch die du so oft an die Quelle, auf den Gipfel des christlichen Lebens gelangst.

22. März

Durch deinen Glauben hast du an der ewigen Jugend des Gottesreiches teil. Die Welt um dich herum ist alt; nur ein Christ kann Christi Frieden und Freude, die äußeren Zeichen eines jugendlichen Herzens, ausstrahlen. Die Jugend des Leibes ist nicht so wichtig; dieser vergängliche Leib wird als geistiger Leib auferstehen. Lasse dich nie von dem «**an die Macht der Sünde "verkauften" Fleisch**» (Röm 7,14) beherrschen. Möge sich dein ganzes Verhalten in allen Dingen nicht nach dem vergänglichen Fleisch, sondern nach dem unvergänglichen Geist richten.

23. März

Bleibe stets in der göttlichen Liebe und in der Gnade Gottes; so wirst du von jedem Flecken des Aussatzes der Sünde rein bleiben. Deine Belohnung ist die Zulassung zum himmlischen Paradies, wo du in Gesellschaft der geretteten Seelen und der Engel auf ewig von dem unaussprechlichen Glück der Dreifaltigkeit umfangen sein wirst. Diese Belohnung ist unvergleichlich viel größer als alle deine Anstrengungen im Hinblick auf den Eintritt in das Heilige Sion.

24. März

Du hast die Ausgießung des Geistes empfangen. Er ist dein Erzieher zum Glauben, der Urheber des «**Wunders**», das du in den Augen des Vaters bist (vgl. Ps 139). Er lässt dich das Leben des auferstandenen Christus leben. Er brennt darauf, dich in jeder Lage durch dein Beispiel, deine Worte und Taten Jesus Christus bekunden zu sehen.

25. März

Heute Morgen habe ich dich mit von Liebe ergriffenem und vor Freude überströmendem Herzen zur Eucharistie begleitet. Das war anlässlich der Feier der entscheidenden Stunde der Menschheit, jener Stunde, in der ein junges Mädchen «ja» zu dem Gottesboten, dem Erzengel Gabriel, sagt. Ihrer Antwort sicher, hatte der

Bote Maria mit einem freudigen «**Gegrüßet seist du!**» (Lk 1,30) begrüßt. Mit diesem strahlenden Wort wird der neue und ewige Bund eröffnet. Dieses «Gegrüßet seist du» ist die Verkündigung des messianischen Zeitalters.

Ich weiß, wie sehr du die Mutter Christi und der Kirche verehrst, die neue Eva, die auch deine Mutter ist. Ich bin darüber sehr glücklich. Wenn du einst die Unbefleckte Empfängnis von Angesicht zu Angesicht schaust, wirst du erkennen, wie klein deine Liebe zu ihr auf Erden gewesen sein wird. Wenn die Jünger das wüßten, hätten sie alle ein so von Maria erfülltes Herz wie der heilige Ludwig Maria Grignon von Montfort. Lies einmal wieder sein kleines Meisterwerk «Die wahre Verehrung der heiligen Jungfrau» und sinne darüber nach. Dann verdoppelst du deine Begeisterung für sie, die Gottes Sohn geboren hat, «**damit er der Erstgeborene unter vielen Brüdern sei**» (Röm 8,29), zu denen du gehörst.

26. März

Liebe die Kirche, so wie sie ist. Christus steht ihr ohne Unterlass bei. Sie ist in deinem irdischen Leben deine Gemeinschaft des Glaubens und der Liebe. Gott hat sie mit einer Vielzahl von himmlischen Gaben geschmückt. Unduldsamkeit hat keinen Platz darin. Und wie viele Christen, darunter auch Hirten, sind trotzdem unduldsam gegenüber Glaubensbrüdern aus Ordensfamilien, welche sie missbilligen! Hat Jesus nicht gesagt: «**Im Hause meines Vaters sind viele Wohnungen**»

(Joh 14,2)? Mögen die Christen und ihre Hirten die verschiedenen geistlichen Lebensweisen frei zum Ausdruck kommen lassen, so lange diese der heiligen Lehre treu bleiben! Was dich angeht, bleibe gegenüber den Brüdern, die in einem anderen geistlichen Haus wohnen als du, nicht bloß duldsam, sondern liebevoll eingestellt.

27. März

Du bist zwar der Eucharistie treu, aber nicht so sehr dem Sakrament der Buße und der Versöhnung. Denke daran, dass jede Sünde den mystischen Leib Christi verwundet. Das Sakrament der Vergebung und der Versöhnung wäscht jede Spur der Sünde ab; es versöhnt mit Gott und dient der Heiligung. Durch den häufigen Empfang der Kommunion bist du «**heilig und makellos vor Gott**» geworden (vgl. Eph 4,1). So wie du dich abends und morgens wäschst, «wasche» dich regelmäßig, um durch das Sakrament jede Spur der Sünde zu tilgen. Diese verletzt Gottes Ehre und seine Liebe.

28. März

Du empfindest noch nicht genug Liebe zu den armen Verirrten. Vergiss nicht, dass die Würde jedes Menschen darin liegt, nach Gottes Bild erschaffen zu sein. Einige verraten es, oft unbewusst; darum verlieren sie ihre Berufung zur göttlichen Glückseligkeit aber trotzdem nicht. Sei gegenüber diesen verlorenen Kindern (vgl. Lk 15,11-31) voller Barmherzigkeit. Ahme den Vater nach. So wirst du zur Vollkommenheit der Nächstenliebe gelangen.

29. März

Du bist gerechtfertigt durch die Gnade des Heiligen Geistes. Du bist ein «Gerechter» geworden. Möge der Heilige Geist immer dein innerer Lehrmeister sein. So wirst du Frucht bringen im Hinblick auf die Heiligkeit; das Ziel ist das ewige Leben. Wie ist doch alles einfach im Gottesreich! Ich bin bei dir, um dir dabei zu helfen, dich in aller Freiheit — dieser wunderbaren und furchtbaren Gabe — auf die Gnade Gottes auszurichten.

30. März

«Was muss ich Gutes tun, um das ewige Leben zu erlangen?», wird Jesus von dem reichen Jüngling gefragt. **«Willst du ins Leben eingehen, so halte die Gebote»**, erwidert der Herr (Mt 19,16-17). Die Zehn Gebote sind ein Geschenk des Himmels. Es wird zusammengefasst in der Gottesliebe und der Nächstenliebe (vgl. Mt 22,36-40). Du musst in der Befolgung dieser beiden göttlichen Hauptgebote noch viele Fortschritte machen. Bist du dir dessen deutlich bewusst?

31. März

In Jesu Augen ist die Liebe seiner Jünger zu den Armen sehr wohlgefällig. Zu denen, die an dinglichen, und denen, die an geistlichen Gütern arm sind. Lies einmal die vom Apostel Jakobus ausgesprochenen Warnungen an die selbstsüchtigen Reichen nach: **«Ihr Reichen, weint und heult über die Drangsale, die über euch kommen! Euer Reichtum ist verfault, und eure**

Gewänder sind zum Mottenfraß geworden, euer Gold und Silber ist verrostet, und der Rost wird zum Zeugnis wider euch dienen und wird euer Fleisch verzehren wie Feuer» (Jak 5,1-3). Und sieh, wie liebevoll und bewundernd Jesus dagegen auf die arme Witwe blickt, die zwei kleine Münzen in den Opferstock legt, dem er gegenüber sitzt, während er beobachtet, wie die Menschen Geld hineinlegen (vgl. Mk 12,41-44). So beobachtet dich Gott. Es heißt die Armen bestehlen, wenn du ihnen nichts von deinen Gütern abgibst. Dein Überfluss gehört ihnen. Und Jesus bittet dich, ihnen mehr als deinen Überfluss zu geben.

Was die Armen im Geiste angeht, so gib ihnen den Reichtum, den du aus deinem Glauben beziehst. Vermittle ihnen deinen Frieden und deine Freude, die du aus dem Herzen Jesu schöpfst.

April

1. April

Halte die Wahrheit immer in Ehren. Sie gehört dir nicht. Beschönige sie nicht und entstelle sie nicht. Die Wahrheit gehört Gott, gleich wie sie aussieht; sie ist Teil der kosmischen Ordnung. Die Lüge stört diese Ordnung, sie bringt sie durcheinander. Das Böse, das ein Geschöpf, ein Ebenbild Gottes, verübt hat, bleibt in seinen Auswirkungen nie auf den Bereich des Einzelnen beschränkt. Es wirkt sich auf die gesamte Schöpfung aus. Ebenso vergrößern die Wahrheit und die Achtung vor ihr die geistliche Schönheit. Reinige dein Herz durch das Gebet, die Läuterung deines Tuns und Wollens sowie durch die Reinheit des Blickes, mit dem du die Menschen und die Dinge anschaust.

2. April

Gib dem Neid und vor allem der Eifersucht nicht den geringsten Raum in deinem Geiste. Diese Laster entstellen die Seele. Löse dich vom Reichtum. Du kommst dann leichter und höher in den Himmel, in dem du schon angelangst bist. Kreuzige das «**Fleisch mit seinen Leidenschaften und Begierden**» (Gal 5,20). Lasse dich von den Wünschen des Heiligen Geistes leiten. Du bist noch nicht ans Ende dieses Weges gekommen.

3. April

Gebet ist Herzensgemeinschaft mit Gott. Wenn das Herz nicht dabei ist, ist das Gebet nur ein schwacher Abglanz des Liebesgesprächs zwischen der Seele und ihrem Schöpfer. Und ohne Demut kann sich das Gespräch kaum entwickeln. Mögen alle deine Gebete zu Herzensgebeten werden. Gebiete den Antrieben des Geistes keinen Einhalt, lasse dem lebendigen Wasser, das aus deinem Herzen strömt, freien Lauf. Es allein rührt an das Herz des Vaters im Himmel. Der Sohn bringt ihm dein Gebet dar; und es ist der Heilige Geist, der dir beisteht, dass dein Gebet von Herzen kommt. So bist du beim Beten nie allein. Der Geist wirkt in dir; und ich bete mit dir.

4. April

Bete oft um die Einheit der Christen. Es ist Jesu glühender Wunsch, «**dass alle eins seien, wie du, Vater, in mir und ich in dir; dass sie in uns eins seien, damit die Welt glaube, dass du mich gesandt hast**» (Joh 17,21). Bete zusammen mit Christen anderer Bekenntnisse. Das sind Meilensteine auf dem Weg zur vollen Einheit. Sie wird das Werk des Heiligen Geistes sein.

5. April

Scheue dich nicht, in deinem Bittgebet dem «**zudringlichen Freund**» zu gleichen (Lk 11,5-13), wenn es deinem geistlichen Wachstum oder dem des dir Nahestehenden dienlich ist. Sei beharrlich. Am Ende bekommst du das Gewünschte. «**Bittet, und es wird euch gegeben werden**» (Lk 11,9), verheißt dir der Herr.

6. April

Halte dich nicht mit deiner Schuld vergangener Zeiten auf. Du hast um Vergebung gebeten. Und «**deine Sünde ist getilgt**» (Jes 6,7). Wichtig sind allein der jetztige Augenblick und die Zukunft. Erlebe diesen Augenblick im Licht des Herrn, im Gehorsam gegenüber seinem Wort. Und werde selbst ein Widerschein des «**Lichts der Welt**» (Joh 8,12). Das ist deine Berufung.

7. April

Zweifle nie, keinen Augenblick, an der Freundschaft Jesu, deines einzigen Erlösers. Auch nicht an der Liebe des himmlischen Vaters zu dir. Was könnte dir Böses geschehen mit einem solchen Vater und einem solchen Freund, seinem Sohn Jesus? Freue dich, und deine Freude sei von Dauer!

8. April

Erkenne in allem, was dir im Laufe des Tages zustößt, die Hand Gottes. Selbst wenn du in vielen Ereignissen gar keinen Sinn siehst, so reihen die Tage sich dennoch nach einem Plan aneinander, der dir entweder schon hier auf Erden oder einst im Jenseits offenbart wird. Sei gewiss, dass Gott für dich sorgt; zu dem Zweck hat er mich zu deinem Hüter eingesetzt. Wisse, dass du von Liebe umgeben bist, eingetaucht in die göttliche Liebe.

9. April

Entferne jegliches Vorurteil aus deinem Herzen. Von einem Vorurteil behinderte Herzen waren schuld, dass die Einwohner eines samaritanischen Dorfes Jesus die Gastfreundschaft verweigerten (Lk 6,51-56). So viele Christen sind von unmöglichen Vorurteilen eingenommen. Jedes Vorurteil verletzt die Liebe.

10. April

Stelle dein Licht als Jünger auf einen Leuchter, verbirg es nicht. Wer bei dir eintritt oder bei wem du eintrittst, wird sich über die Beleuchtung freuen. Dein Glaube sei ein Licht. Die Welt entbehrt es so sehr. Jesus spricht zu den Seinen: «**Ihr seid das Licht der Welt**» (Mt 5,14) und sendet sie in alle Himmelsrichtungen aus.

11. April

Manchmal fehlt es dir an Mut. Man muss wie Stephanus imstande sein, die Menschen hart anzureden, wenn es nötig ist. Der Diakon Stephanus hat nicht gezögert, den Hohen Priester und den Hohen Rat mit «**ihr Halsstarrigen und Unbeschnittenen an Herz und Ohren; immer widerstrebt ihr dem Heiligen Geiste!**» anzusprechen (Apg 7,51). Daraufhin schleiften sie ihn aus der Stadt hinaus und steinigten ihn.

Sprich die Wahrheit im entscheidenden Augenblick um jeden Preis laut und deutlich aus. Sei dabei stets sanftmütig und demütig.

12. April

Mache dich in deinem Ehe- und Familienleben täglich neu zu einer Gabe. Dir ist bewusst, wie sehr du in dieser Hinsicht bevorzugt bist. Durch die ständige Hingabe deiner selbst gleichst du diese Bevorzugung aus. Die Familie ist das am wenigsten unvollkommene Abbild der Heiligsten Dreifaltigkeit. Sie ist geheiligt. Ich bin so glücklich, euch alle im Herzen Gottes vereint zu sehen. Und mit mir auch die Schutzengel der anderen Familienmitglieder. Wir sind eure Boten. Gebt uns Aufträge. Ihr tut das so selten. Wir stehen euch zu Diensten.

13. April

Sinne über das nach, was der Apostel Paulus über den Leib schreibt, und folge seinem Rat (1 Kor 6,12-20). Ja, verherrliche Gott durch deinen Leib, diesen Tempel des Heiligen Geistes.

14. April

«Siehe, das Lamm Gottes, das die Sünde der Welt hinwegnimmt», sagte der Täufer Johannes, als er Jesus auf sich zukommen sah (Joh 1,28). Stelle dir die Menschheit einen Augenblick ohne das Lamm Gottes vor. Das ist natürlich nicht möglich. Hingegen verdankt ihr alles, was gut und schön, was groß und rein ist, dem

Gotteslamm. Dem himmlischen Vater und seinem Sohn. Sie wirken in euch durch den Heiligen Geist.

Das Lamm Gottes braucht Stützpunkte. Sei ihm ein mutiger und verlässlicher Stützpunkt.

15. April

Nimm dir nicht zu Herzen, was deine Nächsten über dich sagen und denken. Selbst Jesus musste dem Unverständnis seiner Verwandtschaft begegnen. Als er eines Tages «**nach Hause**» kam, lief das Volk so zahlreich zusammen, «**dass sie nicht einmal essen konnten**». Ärgerlich «**sagten die Seinen: "Er ist von Sinnen"**» (Mk 3,20-21). Gott allein liest im Innersten des Herzens. Freue dich, wenn er darin Worte zu seiner Ehre findet.

16. April

Du bist zwar kein «Arbeiter der elften Stunde», aber auch keiner, der schon am frühen Morgen eingestellt worden wäre, obgleich du leicht hättest dazu gehören können. Das ist heute nicht mehr so wichtig. Der Herr des Weinbergs wird dich in seiner unendlichen Großzügigkeit für den ganzen Tag entlohnen. Er hat andere Maßstäbe als ihr. Die seinen gründen einzig und allein in der Liebe (vgl. Mt 20,1-16).

17. April

Lies einmal wieder die Seligpreisungen (Mt 5,1-12). Eigne dir ein wenig aus dem Schatz jeder dieser Seliggepriesenen an. Aus Erwählung und reiner Gnade kannst du bereits zu ihnen gezählt werden. Darum sei «**fröhlich**

und voll Freude», denn dein «**Lohn im Himmel wird groß sein»**. Danke Tag und Nacht für das unaussprechliche Glück, das dich erwartet. Und das ich dann mit dir teile.

18. April

Du wirst nie verloren gehen, denn in dir wohnt das Leben allen Lebens. Du bist aus dem Geist neu geboren. Begleite Jesus Christus auf seinem Weg. Höre auf seine Worte. Füge sie in dein alltägliches Leben ein. Und liebe ohne Maß und Ende. Flüchte nicht in leere Worte, die aus dem menschlichen Herzen kommen.

19. April

Bitte den Herrn darum, aus seinen Schätzen schöpfen zu dürfen. Er wird dir deine Bitte gewähren. Und dann schöpfe aus seinen Schätzen Frieden und Freude, Gesundheit und Glück, Zuversicht in seinem Dienst und Sicherheit. Bewahre sie sorgfältig. Das alles kann die Welt nicht in dem Maße geben, wie Gott es seinen Getreuen gewährt.

20. April

Du hast das Glück, das Allerheiligste in deinem Haus aufbewahren zu dürfen. Verbringe vor Jesus in der Hauskapelle viel Zeit mit der Anbetung. Du schöpfst daraus unermessliche Gnaden und Kräfte. Jesu Gegenwart verwandelt dich allmählich. In solchen glücklichen Augenblicken bin ich anbetend an deiner Seite.

21. April

Liebe die Kirche von ganzem Herzen und mit ganzer Seele. Sie ist der Leib Christi. Sie hat dir Zutritt zum Gottesreich verschafft. Sie führt dich zum ewigen Heil. Sie allein ist die ständige, endgültige Antwort auf das Rufen der Menschen im Laufe der Geschichte. Sie versammelt die Jünger vollzählig um den himmlischen Vater. Sie führt Gottes Reich zur Vollendung.

Ja, liebe die Kirche; ihr Geheimnis wird erst in der Anschauung Gottes von Angesicht zu Angesicht enthüllt.

22. April

Bete immer im Geiste der Kindschaft. Drücke oft aus, dass du dem Willen des Vaters in Liebe zustimmst, gleich welche Prüfung du durchmachst. Und vertraue bedingungslos. Sei kühn in deinem Beten. Opfere Gott in strahlendem Glauben dein ganzes Wesen auf: Leib, Seele und Geist.

23. April

Du warst politisch tätig. Das ist für Christen eine Form von Nächstenliebe. Eine solche Tätigkeit sucht ständig Ausgleich zwischen mehr Gerechtigkeit und wirksamem Zusammenhalt einerseits sowie der Anerkennung der Vorrechte von Einzelpersonen andererseits. Nachdem du jetzt nicht mehr im unmittelbaren Einsatz stehst, bete oft darum, dass Gottes Reich in der Politik weiter vordringe; es steht dort erst am Anfang. In vielen

Ländern macht es hinsichtlich der Gerechtigkeit Fortschritte. Doch das Reich Gottes wird zurückgedrängt, weil man göttliche Gesetze wie die Ehrfurcht vor dem menschlichen Leben, das heilig ist, verachtet. Durch diese Verachtung sind viele Menschen von Gottes Segen ausgeschlossen.

24. April

In deinem Gebet kommt das Bundesverhältnis zwischen Gott und dir zum Ausdruck. Ein Bündnis im Herzen Christi; es ist das Wirken Gottes in deinem Leben und steht in dem Kraftfeld, das von dir zu Gott geht. Hieraus schöpfst du die Kraft, um «**den guten Kampf des Glaubens**» zu kämpfen (1 Tim 6,12).

25. April

«**Wir wissen, dass mit denen, die Gott lieben, Gott alles mitwirkt zum Guten**» (Röm 8,28). Die Liebe ist die Lösung für jede Frage. Zur Fülle deines christlichen Lebens gelangst du in der Liebe. Und du erreichst die Vollkommenheit, die du in deinem Leben verwirklichen sollst, entsprechend der Forderung, die Jesus an dich stellt: «**Sei vollkommen, wie dein himmlischer Vater vollkommen ist**» (vgl. Mt 5,48). So bringst du reiche Frucht.

26. April

Auf dem Weg zur Vollkommenheit begegnest du notwendigerweise dem Kreuz. Damit hast du bereits Erfahrung. Ohne geistlichen Kampf und Verzicht kein Fortschritt. Als Belohnung winken dir die Freude und der

Friede der Seligpreisungen. Dein ganzes Leben ist ein Aufstieg. So wie du dich dem Gipfel näherst, nimmt die Gnade zu. Immer klarer erkennst du sowohl die Mühe des Aufstiegs als auch die Herrlichkeit auf dem Gipfel.

27. April

Liebe die Tugend, sie ist die Neigung, das Gute zu tun. Sie ordnet dein Tun und gebietet deinen Leidenschaften. Liebe besonders die Klugheit und die Gerechtigkeit, die Tapferkeit und die Mäßigung, die vier Kardinaltugenden (oder Haupttugenden), die dir helfen, das Gute zu tun, im Streben nach dem Guten beständig zu sein, die sinnlichen Vergnügungen zu mäßigen und in jeder Lage zu erkennen, wo das Gute ist und mit welchen Mitteln es vollbracht werden kann. So wirst du vom Heiligen Geist geleitet.

28. April

Du gehörst zu dem in der Kirche vereinten, priesterlichen Volk. Du hast Anteil an dem Priestertum Christi. Du bist ihm gleichgestaltet.

Liebe die, die mit dem Priesteramt betraut sind, deinen Bischof und deinen Priester. Bete für die Priester. Es sind wenige. Und sie wagen es kaum noch, den Gläubigen zu sagen: «**Geh, und sündige nicht mehr**» (Joh 8,11).

29. April

Wenn du deinen monatlichen Zehnten unter die Armen verteilst, handle stets nach dem Rat, den Jesus dir gibt und der lautet: «**Dein Vater, der ins Verborgene sieht,**

wird dir vergelten» (Mt 6,1-4). Und der unendlich freigebige Herr vergilt hundertfach. Schenkend wirst du reich.

30. April

Durch Jesus ist Gottes Reich zu den Menschen gekommen. Dass es sich nicht so ausgebreitet hat, wie es eigentlich gesollt hätte, liegt daran, dass die Jünger sehr oft nur ein trübes Licht in ihre Umgebung und ihre Zeit ausgestrahlt haben. Ahme den Herrn nach, dann wird dein Licht so blendend hell wie das, das er auf die Welt und die Geschichte wirft.

Mai

1. Mai

Wie fruchtbringend war die Eingebung, den Mai der Verehrung der Jungfrau Maria zu widmen! Sie hat den Friedefürsten unter dem Herzen getragen. Mit ihrem Sohn ist die Menschheit in den entscheidenden Abschnitt ihrer Geschichte eingetreten. Im Mai gelangt die Natur zu schönster Pracht.

Lasse dich an das Herz der Mutter ziehen, die der Gekreuzigte allen seinen Jüngern geschenkt hat. Alle, die Jesus folgen, bilden um die allen gehörende Mutter und die mit zwölf Sternen gekrönte Frau die vollkommene Gemeinschaft der Brüder und Schwestern des Kindes von Bethlehem. Bewahre dir deine Begeisterung für Maria, sie verbindet dich enger mit dem Herrn.

2. Mai

Du erlebst eine Zeit des geistigen und sittlichen Niedergangs. Vertreibe aus deinem Herzen die kleinste Spur des Verfalls der Sitten, der diesen Niedergang begleitet und beschleunigt. Allein eine Bekehrung der Herzen und die dringende Anrufung von Gottes Gnade kann den Sturz in den Abgrund aufhalten. Vervollkommne an erster Stelle dein eigenes Herz. Die Lösung für die Krise, die die ursprünglich christliche Zivilisation durchmacht, liegt in der Rückkehr zum Evangelium. Dazu kann jeder Jünger beitragen, wenn er in die Schule des Guten Hirten zurückkehrt.

3. Mai

In der Schule des Guten Hirten wird man reich an zwei Gütern: an Sanftmut und an Demut. Eines der Worte des Herrn von unschätzbarer Tragweite gibt die Formel für das Glück des Einzelnen und der Gemeinschaft wieder: «**Lernt von mir, denn ich bin sanftmütig und von Herzen demütig**» (Mt 11,29). Es ist anstrengend und oft schwer, diese Schule zu durchlaufen. Man geht verwandelt daraus hervor, bereit zum Dienst für Christus. Was dich angeht, so musst du deine Ausbildung noch vervollständigen.

4. Mai

Allein Christus macht den Menschen sich selbst offenbar. Er ordnet ihn Gott zu und bereitet seine persönliche Seligkeit vor. Das Menschenherz ist in seinem Innersten von der Sünde verwundet und wird von dem Bösen angezogen wie der Geier vom Aas. Er setzt sich dem Irrtum aus wie ein Blinder der Gefahr, die auf ihn lauert. Der Glaube befreit von dieser Fäulnis erregenden Haltung, diesem verwirrenden Irrweg. Verkünde laut und deutlich, dass für alle diese Übel das Heilmittel in Christus zu finden ist.

5. Mai

Die Meinungsmacher dieser Welt wiederholen ständig den Kehrreim vom «Modernsein». Aber die Trümmer, die sich auftürmen, können sie nicht länger verbergen; die göttlichen Gesetze werden übertreten; die Familie wird entwertet; im Hochmut werden die Übertretungen immer häufiger; die menschlichen Beziehungen werden ärmer, das innerliche Leben geht zugrunde. Das «Modernsein» führt ins Unglück; daraus entsteht eine Welt voller Waisenkinder.

«Kämpfe den guten Kampf des Glaubens» (1 Tim 6,12). Der Glaube ist ewig jung. Kämpfe für die Rückkehr der Waisenkinder zum Vater. Der Weg dorthin ist der Weg des **«Lichts der Welt»**. Du bist mit deinen Brüdern zum Licht gemacht worden, als Widerschein des Lichtes Christi, des wahren Lichts der Welt.

6. Mai

Du hast dir noch nicht genügend bewusst gemacht, dass Christus seinen Jüngern die Gabe der Heilung geschenkt hat. **«Heilt die Kranken»** (Mt 10,8), gebietet er ihnen. In der Welt, in der du lebst, gibt es immer mehr Kranke. Christus, der Arzt der Leiber und der Seelen, braucht deine Hände und deine Gebete. Lege den Kranken die Hände auf und begleite diese geheiligte Geste mit einer inständigen Fürbitte. Tu das in Frieden und mit Dank, dann verlasse den Kranken wieder. Die Heilung ist die Sache Dessen, der dich zu seinem Gesandten gemacht hat. Er heilt, wenn du bedingungslos glaubst.

7. Mai

Heute Morgen hast du wiederum das «**lebendige Brot, das vom Himmel kommt**» (Joh 6,51) gegessen. Durch diese göttliche Speise gelangst du zum «ewigen Leben». Durch sie bleibst du in Christus und er in dir. Heute Morgen hast du auch wieder den Gipfel des Lebens der Kirche erreicht. Sinne darüber nach und bleibe der täglichen Eucharistie treu. Sie sei für dich ein Eintauchen in das Glück, wie sie es für mich an deiner Seite ist.

8. Mai

Der Himmel, in den du einst gelangst, ist das Leben in Fülle im Schoß der Heiligsten Dreifaltigkeit. Ein Leben in Liebe und Gemeinschaft, zusammen mit der Jungfrau Maria, deiner von dir so sehr geliebten Mutter, mit den Engeln und der großen Schar der Heiligen. Du wirst vollkommen gereinigt hineingehen. Beginne schon jetzt mit dieser Reinigung, die unabdingbar ist, um Gott von Angesicht zu Angesicht zu schauen.

9. Mai

Du wirst Gott schauen, nachdem deine sterbliche Hülle durch den Tod hindurchgegangen ist. Im Jenseits kommst du in den Genuss eines strahlenden geistlichen Leibes. Mache es dir zur Gewohnheit, an den Tod als ein großes Glück zu denken. Er kann freudig erlebt werden.

Bitte den Herrn um diese Gnade. Du wirst von einem unendlich liebreichen Licht empfangen werden, dem «**Licht der Welt**». Und dann siehst du mich zum ersten Mal von Angesicht zu Angesicht. Das wird für uns beide ein unaussprechlich glücklicher Augenblick sein. Bereite die Deinen auf diesen Augenblick vor.

10. Mai

Christus ist heute mit euch, wie er es immer war und bis ans Ende der Zeit sein wird (vgl. Mt 28,20). Diese göttliche Zusage ist durch alle Generationen hindurch von einem Menschen auf den anderen überkommen. Daraus leiten sich die kirchlichen Ämter ab. Von Petrus auf seinen Nachfolger und von den Aposteln auf die Bischöfe als ihren Nachfolgern. Wer sie hört, hört Christus. Wer sie ablehnt, lehnt Christus ab und Den, der ihn zu uns gesandt hat. Darin besteht die apostolische Kirche. Ursprung und Quelle des Apostelamts in der Kirche ist Jesus Christus. Die Seele des Apostelamts ist die Eucharistie. Füge dich im Gehorsam und mit Liebe in diesen göttlichen Bau der Kirche ein.

11. Mai

Wenn du versucht wirst, hast du die Wahl, der Versuchung zuzustimmen oder sie zurückzuweisen. Du bist dem Kampf zwischen dem Fleisch und dem Geist der Kraft und der Unterscheidung ausgesetzt. Nicht die Versuchung ist das Böse, sondern deine Einwilligung. Das musst du deutlich unterscheiden. Gott wollte, dass du frei bist. In deiner Freiheit bist du der Erprobung durch die Versuchung unterworfen. Widerstehe dem Versucher, und bei einer Versuchung rufe den Heiligen Geist zu Hilfe. Du wirst immer davon befreit. Jeder deiner Siege macht mein Herz froh.

12. Mai

Dein Glaube ist volle, umfassende Zustimmung zu der Offenbarung Gottes durch Jesus Christus. Die Zustimmung deines Willens und deines Verstandes. Du stimmst Jesus zu und durch ihn der Wahrheit. Dein Glaube ist ein Geschenk. Du hast ihn dir nicht verdient, du hast ihn umsonst empfangen. Du hast Gott zum Vater und die Kirche zur Mutter. Dein Glaube gewährt dir einen Vorgeschmack auf das ewige Glück. Ich glaube, weil ich sehe, du glaubst, weil du hoffst. Du vertraust denen, die gesehen haben. Vertraue mir, der ich sehe.

13. Mai

Sprich das Glaubensbekenntnis von ganzem Herzen. Du lebst nach diesen Worten und durch sie. Das Glaubensbekenntnis entrollt vor deinem inneren Auge das prachtvolle Bild der Dreifaltigkeit und erinnert an das bewundernswerte Werk der Schöpfung, das Geheimnis der Erlösung und die Quelle der Heiligung. Es ist das «Siegel» deiner Taufe. Möge dein Herz jedes Mal ergriffen sein, wenn du es betest. Das Glaubensbekenntnis läßt dich, den durch alle Jahrhunderte unveränderlichen Glauben erlangen und vertiefen.

14. Mai

Ach, könntest du doch die Tiefe und Tragweite der drei unsterblichen Worte erfassen, mit deren Hilfe der Apostel Johannes den Urheber aller Dinge beschrieben hat: «**Gott ist Liebe**» (1 Joh 4,8)! Aber Gott wäre nicht unendlich, wenn du das verstündest. Verneige dich also mit vor Liebe brennendem Herzen vor diesem Geheimnis. Du wirst an dem Liebesaustausch zwischen den Drei Göttlichen Personen Anteil erhalten.

«**Bei Gott ist nichts unmöglich**» (Lk 1,37). Er ist der Allmächtige. «**Du kannst alles**», sagt Job zu ihm (Job 42,2). Seine Allmacht hat sich in deinem Leben oft und oft erwiesen, wenn er dich von deinen Sünden gereinigt und dich durch die Gnade neu in seine Liebe aufgenommen hat. Das ist in seinen Augen wichtiger als die Erschaffung von Myriaden von Sternen. Eine einzige Seele hat mehr Wert als das All.

15. Mai

Neben dem sichtbaren All gibt es das unsichtbare, zu dem ich gehöre. Ich bin so wirklich wie das Meer, das du siehst, und die Sonne, die auf dich scheint und dich wärmt.

Denke daran, wenn du innerlich mit mir sprichst. Ich bin Tag und Nacht bei dir und zugleich im Himmel unter den Engeln, die Gott umgeben.

16. Mai

Du bist dazu bestimmt, das Bild des Mensch gewordenen Gottessohnes darzustellen. Jesus ist der «**Erstgeborene unter vielen Brüdern**» (Röm 8,29). Du bist nicht allein. Du glänzt wie ein Diamant in dem Schatz mit vielen anderen Diamanten. Bewerte das «**Wunder**», das du in den Augen des höchsten Herrschers des Alls bist (Ps 139,14), in rechter Weise. So sehe ich dich. Unterschätze nie den Wert eines Menschen, angefangen bei dir selbst.

17. Mai

Satan ist ein gefallener Engel. Es hat sich aus freiem Willen geweigert, Gott zu dienen. Bis zum Ende der Zeiten wird es sein Bemühen sein, weitere für die Ewigkeit bestimmte Wesen für seinen Aufstand gegen Gott zu gewinnen. Er ist unter euch am Werk. Komme seinen Zaubereien auf die Schliche; sie sind ausgeklügelt und bloßer Schein. Satan hat seinen ganzen Verstand bewahrt; er benutzt ihn einzig und allein dazu, das göttliche Werk zu durchkreuzen. Das ist ihm bei Adam und Eva gelungen; dadurch hat er das menschliche Wesen entscheidend verwundet. Christus hat Satans Macht jedoch gebrochen. Er hat den Menschen befreit. In ihm bist du frei. Aber nur in ihm.

18. Mai

Jesus ist «der Gott, der rettet». Diesen Namen hat ihm der Engel Gabriel bei der Verkündigung gegeben. Dieser Name bezeichnet das wahre Wesen Jesu und zugleich seine Sendung. Er fasst die gesamte Heilsgeschichte zusammen. Verehre Jesu Namen. Stelle ihn in deinem Gebet in die Mitte.

19. Mai

Du hast mit deiner Frau zusammen eine kleine Welt geschaffen, die Gottes Herz erfreut. Ihr habt ihm eure Familie geweiht. Auf euere inständigen Bitten hin ist euch die Gnade gewährt worden, euren Kindern den Glauben zu vermitteln. Das ist einer der Schätze, die der Herr nie verweigert.

Ich bin mit den Schutzengeln deiner Frau und deiner Kinder ständig in Verbindung. Ich gebe ihnen deine Wünsche und Bitten weiter.

20. Mai

Ziehe aus der Schule von Nazareth die Lehre, die sie enthält. Zunächst die Lehre von der Stille. Nur einige wenige Worte verlauten von dort. Dann die Lehre von der Familie, dem am wenigsten unvollkommenen Abbild der Heiligsten Dreifaltigkeit. Diese war in Nazareth durch den Sohn gegenwärtig. Schließlich die Lehre demütiger und beharrlicher Arbeit. Dadurch, dass Jesus mit Joseph Zimmermannsarbeit verrichtete, hat er der Arbeit erlösende Kraft gegeben. Er ist denen, die arbeiten, zum göttlichen Bruder geworden.

21. Mai

Als Teil der Kirche bist du durch göttliche Erwählung zur Versammlung des Gottesvolkes «einberufen». Schätze dieses Vorrecht richtig ein; es ist unendlich groß. Du gehörst zum Gottesvolk, das von allen Enden der Erde zusammengerufen ist. Lebe von Christi Wort und Leib. Du bist ein Teilch davon. Darin besteht mein Glück.

22. Mai

Maria ist eine Ikone, ein Bild, Christi. Durch ihr «Ja» zur Menschwerdung wirkt sie am Erlösungswerk ihres Sohnes mit. Sie ist die Mutter der Seelen, die er erlöst hat. Sie führt im Himmel ihre mütterliche Aufgabe bei den Anbetern ihres Sohnes fort. Wenn du Maria liebst, liebst du Jesus doppelt.

23. Mai

Wenn du in deinem Leben durch eine dunkle Zeit gehst, rufe wie der Blinde von Jericho: «**Jesus, Sohn Davids, erbarme dich meiner**» (Lk 18,38). Und gewiss erwidert dir der Herr dann: «**Was willst du, dass ich dir tun soll?**» Du wirst wie der Blinde sagen: «**Herr, mache, dass ich sehen kann**» (Lk 18,41-42). «**Sogleich sah er wieder, pries Gott und folgte Jesus nach**» (Lk 18,43). Am Ende ist der Glaube immer siegreich. «**Sei wieder sehend, dein Glaube hat dir Heilung gebracht**» (Lk 18,42), sprach Jesus zu ihm. Behalte diese Lehre. Sage sie weiter.

24. Mai

Du hast Kinder großgezogen. Du weißt, dass die sittlichen Kräfte des Kindes durch die Erziehung wachsen. Diese besteht vor allem aus Mühsal und Beharrlichkeit.

Man muss die ganz Kleinen lehren, Gott zu lieben, und zwar um seiner selbst willen. Heute seid ihr Eltern für eure Mühe belohnt.

25. Mai

Erinnere dich an die bewegende Geschichte mit Zachäus, dem Oberzöllner und Gegenstand der öffentlichen Verachtung in Israel. Als er erfährt, dass Jesus durch Jericho kommen werde, «**läuft er voraus**», und weil er klein von Gestalt ist, steigt er auf einen Maulbeerfeigenbaum mit niedrigen Ästen. Jesus sieht ihn im Vorübergehen und sagt zu ihm: «**Zachäus, steig schnell herab, denn heute muss ich in deinem Hause bleiben.**» Zachäus freut das sehr. Um Jesus herum wurde geflüstert: «**Bei einem Sünder ist er eingekehrt.**»

Es sind nicht die Lebensumstände, die Jesu Aufmerksamkeit auf sich ziehen, sondern das, was im Herzen vor sich geht, und das Menschenherz ist nie durch und durch schlecht. «**Der Menschensohn ist gekommen, zu suchen und zu retten, was verloren war**», sagt Jesus als Schlussfolgerung (Lk 19,1-10). Sieh alle, die du für verirrt hältst, mit demselben barmherzigen Blick an. Bilde dein Herz nach dem Herzen Jesu.

26. Mai

Wenn deine Seele zu Gott zurückkehrt, wirst du in einem persönlichen Gericht vor Jesus Christus, dem Richter der Lebenden und der Toten, erscheinen. Nach erfolgter Reinigung gelangst du dann in das himmlische Jerusalem.

Bete, dass du nie vom Herrn getrennt wirst. So kannst du vor dem Gericht Christi Rechenschaft über dein Leben ablegen. Wenn du gerecht gemacht bist, wirst du, an Leib und Seele verherrlicht, für immer mit Jesus herrschen. Und Gott wird alles in allem sein (vgl. 1 Kor 15,28). In alle Ewigkeit. Und vereint werden wir Gott von Angesicht zu Angesicht schauen.

27. Mai

Wenn du die Perlen des Rosenkranzes durch deine Finger gleiten lässt und über die Heilsgeheimnisse nachsinnst, lässt du vor deinem inneren Auge die Bilder wie auf einem Bildschirm an dir vorüberziehen. So kannst du das Rosenkranzgebet in einen «biblischen Computer» verwandeln. Es ist dir möglich, die großen Ereignisse und Persönlichkeiten der heiligen Geschichte darauf zu verfolgen. Von der Erschaffung der Welt bis zur Auferstehung, von Abraham bis zu Johannes dem Täufer. Dann kommst du zum überlieferten Rosenkranz zurück, der Grundlage und dem Vorbild allen Rosenkranzgebets. Wenn du so vorgehst, bereicherst du deine Seele und erfreust das Herz Marias.

28. Mai

Bete den Vater als den Quell allen Segens an; das tut die Liturgie der Kirche. In der Liturgie zeigt der Heilige Geist deinem Glauben Jesus, den Herrn; zugleich lässt er die Gemeinschaft der Heiligen fruchtbar werden. Nimm in diesem Geist an der heiligen Liturgie teil. Du wirst großen Gewinn daraus schöpfen.

29. Mai

Du bist durch die Taufe in Christus eingegliedert. Seitdem bist du für die Sünde tot und lebst in Christus Jesus (vgl. Röm 6,11). Du bist ein «**Tempel des Heiligen Geistes**» (1 Kor 6,19). Deine Würde ist unendlich groß, da du an der göttlichen Natur Anteil hast. Daher vermeide alles, was dich in den Abgrund zurückfallen lassen könnte, den du manchmal in deinem vergangenen Leben erlebt hast. Du bist der Finsternis endgültig entrissen und in das Licht der Gottesherrschaft gestellt. Bleibe dieser göttlichen Erwählung aus reiner Gnade unbedingt treu.

30. Mai

Wie jedes menschliche Wesen sehnst du dich nach dem Glück. Diese Sehnsucht ist göttlichen Ursprungs; sie wurde von Gott ins Menschenherz gelegt. So viele Menschen suchen das Glück dort, wo es nicht zu finden ist. Sie begegnen dort nur Vergnügungen, Überdruss und Enttäuschungen. Danke Gott, der dir die Quelle deines Glücks offenbart und die Stelle gezeigt hat, wo du es findest. Du hast es bereits erlebt. Jedes Mal, wenn du ihm begegnet bist, habe ich es mit dir geteilt.

31. Mai

Gott zu lieben und seinen Nächsten zu lieben wie sich selbst: «**Größer als dieses ist kein anderes Gebot**» (Mk 12,31). Was das Wesen und die Beschaffenheit dieser Liebe angeht, so sinne oft über das dreizehnte Kapitel des ersten Korintherbriefes nach. Es ist nicht leicht, entsprechend dieser Liebe zu leben, aber sie bringt hundertfache Frucht. Sie vollbringt Wunder.

Juni

1. Juni

Du liebst Gott, infolgedessen dient dir alles zum Guten (vgl. Rö 8,28). Danke ihm für alles Glückliche, das du erlebst, aber auch für alles Widrige. Alles trägt zu deiner inneren Bildung, zu deinem Wachstum bei.

2. Juni

Wenn du dein Herz reinigst, reißt du die Wurzeln des Bösen aus, die die Nächstenliebe in dir zerstören. Ohne Nächstenliebe gelangt man nicht zur ewigen Seligkeit. Erforsche dein Herz gründlich und vernichte die Spuren des Bösen, die sich noch darin erhalten haben.

3. Juni

Dein Nächster soll in deinen Augen wie dein zweites Ich sein. Gib großzügig von den geistlichen Gütern, die Gott dir geschenkt hat. Umsonst hast du empfangen, so gib umsonst. Wichtiger als die stofflichen Güter zu teilen ist die Teilung der geistlichen Güter. Jene lindern die Not eines Tages, während man geistliche Güter für sein ganzes Leben empfängt.

4. Juni

Gott hat dem Menschen die Freiheit geschenkt und **«überließ ihn der Macht der eigenen Entscheidung»** (Sir 15,14). Dadurch dass der Mensch sie auf Gott hin ausrichtet, gelangt er in seinem Tun zur Vollkommenheit. Zu dieser Freiheit **«hat Christus (euch) befreit»** (Gal 5,1). Durch die Freiheit bist du für dein Handeln verantwortlich. Handle stets so, dass du dich vor Gott für deine Taten verantworten und sie ihm in der Danksagung aufopfern kannst.

5. Juni

Im Innersten deines Wesens ist dein Gewissen verborgen. Es treibt dich zum Guten; es verurteilt dich, wenn du dich dem Bösen hingibst. Sein Urteilsspruch ist immer klar. Dank der christlichen Erziehung, die du von klein auf genossen hast, ist dein Gewissen gut gebildet. Bete für diejenigen, denen diese Gnade gefehlt hat. Es gibt Gewissen, die durch eine falsche Ausbildung von Kindheit an im Irrtum befangen sind. Darum verlangt Jesus von euch, nicht zu richten (Lk 6,37). Gott allein **«erforscht die Herzen»** (Off 2,23).

6. Juni

Ich bin dir ständig zur Seite und zu Diensten. Sei dir meiner Gegenwart immer stärker bewusst. Gott hat mich zum Boten erschaffen. Gib mir oft Aufträge, zum Beispiel, um die Durchführung deiner Pläne vorzubereiten. Dir nahe, preise ich den Herrn ohne Unterlass, ich bin ein «**Diener seines Willens**» (vgl. Ps 103,21). Und ich bin in besonderer Weise mit dem Amt eines Wächters und Beraters bei dir betraut, weil du das Heil ererben sollst (vgl. Hebr 1,14). Ihr Menschen seid allesamt «**Wunder**» (Ps 139,14). Gott hat euch «**nach seinem Bild**» geschaffen (Gen 1,26). Und unablässig schafft er «**Wunder des Erbarmens**» für euch (Ps 31,22). In ihrer Freiheit weisen so viele Menschen dieses königliche Geschenk leider zurück. Empfange diesen Reichtum mit unaufhörlichem Dank. So wird deine «**Seele dem Herrn gefallen**» (vgl. Weish 4,14).

7. Juni

Ich bin wie du ein persönliches, unsterbliches Geschöpf. Ich habe dir meinen Namen offenbart; er bringt meine Sendung bei dir zum Ausdruck. Stütze dich immerzu auf diese Sendung. Du wirst daraus viel Freude schöpfen.

8. Juni

Denke an die großen Aufträge, die die Engel in der Heilsgeschichte erfüllt haben. Der Erzengel Gabriel wurde zu der Jungfrau Maria gesandt, um ihr den Messias zu verkünden und die Zustimmung zu ihrer Mutterschaft einzuholen. Ein Engel wurde zu Joseph gesandt, um ihm kundzutun, das in Maria gezeugte Kind sei «**vom Heiligen Geist**» (Mt 1,20), und ihn so von seinem Leid zu heilen. Der Schutzengel Johannes' XXIII. regte ihn an, ein ökumenisches Konzil zu eröffnen. So sendet der Herr ständig seine Engel aus, um die Geschichte der Menschen im

Sinne seines Segens und seiner Pläne ablaufen zu lassen. Denn er ist der Herr der Geschichte.

9. Juni

Wie alle Ehepaare genießt ihr besondere Gnaden. Jesus Christus ist im Sakrament der Ehe zu euch gekommen. Er bleibt bei euch und gibt euch die Kraft, ihm in Freude und Leid zu folgen. Das unaussprechliche Glück, das ihr aus eurem Ehe- und Familienleben schöpft, gibt euch einen Vorgeschmack auf das Fest der Hochzeit des Lammes, ein Fest, das kein Ende haben wird. Ihr genießt große Gnaden; die Quelle ist Christus.

10. Juni

Durch die Taufe gehörst du zum Leib Christi und lebst in ihm. Jesus tat immer, was seinem Vater gefiel, er lebte in vollkommener Gemeinschaft mit ihm. So lebe auch du in Jesus in der Liebe des Vaters, der ins Verborgene deines Herzens sieht. Dann wirst du **«vollkommen sein, wie der himmlische Vater vollkommen ist»** (vgl. Mt 5,47), so wie der Herr das für seine Jünger wünscht. Jedes Mal wenn du diesen Zustand der Vollkommenheit erreichst, bin ich unendlich glücklich.

11. Juni

Gelöst von Jesus kannst du nichts tun. Er ist der Weinstock, du eine Rebe. An diesem Weinstock trägst du viel Frucht; eine davon ist bewundernswert: die Heiligkeit. Glaube an Jesus Christus mit all deiner Kraft und mit ganzer Seele, halte treu seine Gebote; dann geschieht dieses Wunder: Der Erlöser liebt seinen Vater und seine Jünger in dir. Und du kannst deine Liebe zum himmlischen Vater verdoppeln; vom Heiligen Geist gehaucht, wird aus deinem Herzen der unendlich zärtliche Name «**Abba**» (Gal 4,6) aufsteigen.

12. Juni

Du hast die Gabe des Glaubens empfangen; das ist ein unvergleichliches Glück. Du bist **«gerecht gemacht im Glauben»** (Röm 3,28). Du bist ein «Gerechter» geworden. Wisse, dass **«das kraftvolle Gebet eines Gerechten viel vermag»** (Jak 5,16). Nutze diese Kraft. Richte dein Flehen an die Heiligste Dreifaltigkeit: für deinen Nächsten und für die in aller Welt verfolgten Christen, für dein Land und jene, die Hunger leiden, für die Armen und Entrechteten. Bestürme den Himmel mit deinem Flehen, er erleidet Gewalt (vgl. Mt 11,12).

13. Juni

Du nimmst durch die stets überreiche Gnade an Gottes Leben teil. Du bist ins Innerste des Lebens der Dreifaltigkeit hineingenommen. Du bist voll und ganz ein Kind Gottes, dem das ewige Leben verheißen ist. Du bist **«eine neue Schöpfung; das Alte ist vergangen, siehe, Neues ist geworden»** (2 Kor 5,17). Handle aus Liebe zu Gott; handle nur noch durch seine Liebe.

14. Juni

Als du heute Morgen den Bericht über den ersten Besuch Jesu in Nazareth zu Beginn seines öffentlichen Lebens (Lk 4,16-30) und seine Worte in der Synagoge gehört hast, konntest du das Gefühl haben, Jesus hätte seine Zuhörer herausgefordert. Doch **«alle stimmten ihm bei und staunten über die Worte voll Gnade, die aus seinem Munde kamen»** (Lk 4,22). Jesus hat die Menschen von Nazareth keineswegs herausgefordert. Er las, was sich in ihrem Innersten abspielte. Und das las er darin: **«Wenn du in Kafarnaum so große Dinge getan hast, dann tu sie auch hier in deiner Heimat»** (vgl. Lk 4,23). Das sagten sie sich nicht aus Glauben an Jesus, sondern aus Neugier, wie um ein Schauspiel zu sehen. Der Beweis dafür ist, wie ungezügelt sie sich dann verhielten. Auf eine solche Haltung antwortet Jesus nie mit einem Wunder. Was er will, das ist der Einsatz des Herzens, des ganzen Wesens im Glauben an ihn. Er ist der Messias, der Sohn Gottes, und kein Zauberer. Das Geschehen im Evangelium verlangt stets tiefes Nachdenken. Ich bin da, um dir dabei zu helfen.

15. Juni

Nimm als Beispiel, wie der Apostel Paulus sich gegenüber den Juden von Korinth verhält. Er hatte sich bemüht, sie davon zu überzeugen, dass **«Jesus der Messias ist»** (Apg 18,4). Das hatte ihm nur Feindschaft und Beleidigungen eingebracht. Da sagte er zu ihnen: **«Von nun an wende ich mich an die Heiden»** (Apg 18,6).

Begegnest du einem Menschen, der halsstarrig ist und ein verhärtetes Herz hat, gib dir weiter keine Mühe. Es gibt so viele unwissende, aber gelehrige Seelen. An sie sollst du dich wenden.

16. Juni

Du hast aus Gnade in deiner Seele die Wohnstatt des Glaubens errichtet. Sie ist unzerstörbar. Jetzt brauchst du diese unschätzbare Wohnstatt nur noch mit Frieden und beständigem Glanz auszuschmücken.

17. Juni

Ihr habt dem Schöpfer acht unsterbliche Seelen dargeboten und in eurer Liebe zwei verlassene Seelen aufgenommen. Ihr habt in ihren Herzen den Glauben verankert. Denkt daran, dass ihr dadurch das von Liebe überfließende Herz des himmlischen Vaters reicher gemacht habt. Ein erhabenes Geheimnis, das der menschliche Geist nicht durchdringen kann! Legt in dieses Geheimnis euren Stolz und eure Ehre. Ihr habt dem Gebot des Schöpfers: **«Seid fruchtbar und mehret euch!»** (Gen 1,28) treu gehorcht. Der Herr beschenkt eure Familie überreich mit seinem Segen.

18. Juni

Die Heilige Schrift ist wahrhaft Gottes Wort. Verstehen und vertiefen muss man es in der Kirche. Lasse dich jeden Tag innig von der Heiligen Schrift ansprechen. Bewahre ihre Offenbarungen in deinem Herzen. Benutze sie wie eine Lampe, um in dunkler Nacht voranzukommen. Wenn du morgens und abends über das Wort Gottes nachsinnst, ist dein Herr und Freund Jesus ganz nahe bei dir.

19. Juni

Wenn du betest, versäume es nicht, den betenden Jesus zu betrachten. Nachdem die Apostel ihn viele Male so gesehen hatten, baten sie ihn, sie so beten zu lehren wie er. Lies oft Jesu «hohepriesterliches Gebet» (Joh 17) und sinne darüber nach; es ist einzigartig und gilt für Jahrhunderte. Es ist der Weg unseres Gebets; es erzieht unser Gebet. Es ist gleichsam das Vermächtnis Christi am Ende seines öffentlichen Lebens.

20. Juni

«Unser tägliches Brot gib uns heute.» Es vergeht kein Tag, an dem du diese Bitte nicht mehrmals an Gott den Vater gerichtet hast. Die Menschen bestellen den Boden und streuen die Saat hinein. Der Schöpfer ist es, der die lebendige Materie erschaffen und die Gesetze für ihr Wachstum und ihre Nutzung erlassen hat. Der Mensch waltet über die Materie und ihr Wachstum, er verbessert sie und bestimmt die Nutzung. Manche setzen sich in ihrem Hochmut an die Stelle des Urhebers allen Lebens und aller Dinge; sie halten sich für schöpferische Götter. Sie fallen über die Materie her und manipulieren deren unveränderliche Naturgesetze. Das wird verheerende Folgen haben.

Mit Liebe und Dankbarkeit sollen die Menschen über den unermesslichen Reichtum walten, den Gott ihnen anvertraut hat. Diese Liebe ist eine Freudenquelle. Die Dankbarkeit trägt zu deinem Glück bei.

21. Juni

Seit dem ersten Pfingsten ist der Geist der Liebe auf die Jünger ausgegossen. Du hast ihn empfangen. Ahme die im Abendmahlssaal versammelten Freunde Jesu nach: Sie warteten **«einmütig im Gebet»** (Apg 1,14). Ahme auch die Mitglieder der Urkirche nach: **«Sie verharrten in der Lehre der Apostel und in der brüderlichen Gemeinschaft, im Brotbrechen und den Gebeten»** (Apg 2,42).

Der Nachfolger des Petrus lehrt den apostolischen Glauben; er gewährleistet dessen unveränderte Reinheit. Er hat vom Herrn die Schlüsselgewalt empfangen.

22. Juni

Wenn du dich in Anbetung vor dem dreifaltigen Gott befindest, verhalte dich dabei still, mit vor Freude und Dankbarkeit überfließendem Herzen. Sprich von Zeit zu Zeit aus tiefstem Herzen die Namen der Drei Göttlichen Personen aus. Eine solche schlichte und glühende Anbetung wird dich mit Glück und Gnaden erfüllen. In solchen Augenblicken bete auch ich an deiner Seite an, überfließend von Glück.

23. Juni

Die Kirche ist deine Mutter und Erzieherin. Sie ermöglicht dir, deiner Berufung als «Bild» Gottes nachzukommen, das nach seinem «Bild und Gleichnis» erschaffen wurde. Sie verkündert dir Gottes Wort und das «**Gesetz Christi**» (Gal 6,2), das es erklärt. Sie führt dich auf dem Weg der Heiligkeit, deiner Heiligkeit. Sie schart ihre Kinder um das Eucharistische Brot, den Leib Christi, und um Jesu Mutter, die strahlende Verkörperung der Kirche. An ihrer Quelle und auf ihrem Gipfel schöpfst du Frieden und Freude, wenn du die Kirche liebst. Von solchen Gefühlen beseelt, bleibe gehorsam.

24. Juni

Mache deine Brüder darauf aufmerksam, wie wichtig es ist, am siebten Tag, dem Tag des Herrn, der Eucharistie beizuwohnen. Es handelt sich um eine Begegnung aus Liebe, und nicht so sehr auf Grund einer Verpflichtung. «**Bleibt eurer eigenen Versammlung nicht fern, wie es bei einigen Brauch ist, sondern ermuntert euch gegenseitig**» (vgl. Hebr 10,25). Genieße diesen Ruhetag, um dein Familienleben noch mehr zu schätzen. Und befasse dich auch mit deinen Lieblingsbeschäftigungen, um daraus neue körperliche und seelische Kraft zu schöpfen.

25. Juni

Erbitte die Gabe der Unterscheidung, um die Seelen guten Willens von den «**Wölfen im Schafspelz**» (Mt 7,15) zu unterscheiden. Du warst früher manchmal einfältig und leichtgläubig. So kann man sich unfreiwillig zum Handlanger des Bösen und des Ärgernisses machen.

26. Juni

Eines der kostbaren Güter des Lebens ist deine Gesundheit. Sie hängt großenteils von dir selbst ab. Vermeide alles Unmäßige, erkenne, was der Gesundheit dient, und enthalte dich dessen, was sie angreift und schädigt. Eine der schönen christlichen Tugenden ist die Mäßigkeit. Verweigere dem Leib nicht, was ihn zur Entfaltung bringt, und dem Geist nicht, was ihn bereichert. Was die Seele betrifft, so verlangt sie ständige, wachsame und liebevolle Pflege unter den Augen des Herrn. Auf diese Weise wirst du deine irdische Sendung treu erfüllen können und bist dem Herrn angenehm, der «**Güte und Vergebung**» ist (Ps 86,5).

27. Juni

«**Die Zeit ist erfüllt und das Reich Gottes ist nahe**» (Mk 1,15). Jesus Christus hat Gottes Reich auf die Erde gebracht, um Gottes Willen zu erfüllen; so hat er die Menschen zur Gemeinschaft des göttlichen Lebens erhöht. Seinen Jüngern kommt es bereits voll und ganz zugute. Du hast das unschätzbare Glück, zu ihnen zu gehören. Danke dem Herrn für die frei gewährte Gnade, daß er dich zu deiner Verklärung zu sich gezogen hat (vgl. Joh 12,32).

28. Juni

Die Mutter Jesu war in Kana so aufmerksam um die Bedürfnisse der Hochzeitsgesellschaft besorgt wie jede Familienmutter. Sie machte ihren Sohn auf den Mangel an Wein aufmerksam. Das tut sie voller Ruhe, in der Gewissheit dessen, was dann folgen wird. Ihre Bitte schloss schon den Dank mit ein. Obgleich Jesu Zeit noch nicht gekommen war, gab er dem Wunsch seiner Mutter nach: die erste Kundgebung der Macht des Erlösers und ebenso der außerordentlichen Bittgewalt seiner Mutter; der mächtigen Mutter.

29. Juni

Es gibt Dinge, die du wie der Blinde von Bethsaida (Mk 8,22-26) erst allmählich erkennst und schrittweise verstehst. Du erfährst also eine Zeit lang Verwirrung oder Verachtung. Sei ohne Furcht, bitte den Herrn weiterhin um mehr Klarheit. Dann wird er dir liebevoll die Hände auf die Augen, auf das Herz legen und du siehst schon klarer. Bitte so oft es nötig ist um die volle Klarheit.

30. Juni

Die Gefühle vieler Pharisäer, die Jesus begegneten, waren von Hass geprägt; das war der Grund für ihre Verblendung. Betrachte die Geschichte, die sich an einem Sabbat in der Synagoge ereignete. Jesus heilte dort einen «**Mann mit einer verdorrten Hand**» (Mk 3,1). Schon bevor Jesus den Gelähmten heilte, stellte er die Herzensverhärtung der dort anwesenden Pharisäer fest. «**Er blickte sie ringsum zornig an**» (Mk 3,5). Dann heilte er den Kranken. Statt zu staunen und darüber nachzudenken, blieben sie bei ihren Vorurteilen und ließen ihrem Hass auf Jesus freien Lauf. Dann «**hielten sie Rat (…) gegen ihn, um ihn zu verderben**» (Mk 3,6).

Bitte den Herrn, dass du nie ein höheres Gut — die Heilung eines Leibes — mit einem von seinem Zweck entfremdeten Gut — die gesetzliche Einhaltung des Sabbats — verwechselst. Jesus lehrt dich, wie Gott dem Menschen den Vorrang zu geben vor dem Gesetz, das diesem dient.

Juli

1. Juli

Lies in der Bibel einmal wieder das schöne Buch «Tobit». Die Rolle, die Raphael bei Tobias spielt, entspricht meiner Aufgabe bei dir, es ist die aller Schutzengel bei den Menschen. Raphael, **«einer von den sieben Engeln, die allezeit bereit stehen, vor die Herrlichkeit des Herrn hinzutreten»** (Tob 12,15), ist in Wirklichkeit nicht Tobias' Schutzengel, doch der Herr hat ihm eine Aufgabe anvertraut, während deren Ausführung er ihm als Schutzengel dient. Er führt seinen Schützling mit sicherer Hand ans Ziel der Reise. Unterwegs findet er ein Mittel, um Tobits Blindheit zu heilen, und ein weiteres, um den bösen Geist auszutreiben, der Sara peinigt. Raphael bedeutet übrigens «Gott heilt». Er rät Tobias, Sara zur Frau zu nehmen, und rühmt ihre Verdienste: **«Sie ist ein besonnenes, mutiges Mädchen voller Anmut»** (vgl. Tob 6,12). Ich habe dir seinerzeit den gleichen Rat gegeben und du hast ihn befolgt. Er sorgt für Tobit wie eine Mutter für ihr Kind. Und dieser folgt treu dem

Rat des Engels. Bevor der Engel die Neuvermählten verließ, offenbarte er ihnen seinen Namen.

Der Unterschied besteht darin, dass Raphael für Tobias' Augen sichtbar war. Dieses Vorrecht gewährt der Herr nur ausnahmsweise. Er will, dass der Glaube seiner Jünger eine freie Huldigung des Verstandes und des Willens sowie ein uneingeschränkter Einsatz des Herzens ist. Der Glaube ist das Werk des Heiligen Geistes in einer fügsamen Seele.

2. Juli

Es gibt in der Erziehung zwölf grundlegende Werte, die die Eltern im Geist ihrer Kinder schon von klein auf verankern müssen. Verankern dank ständiger Wiederholung. Dies sind die drei ersten:

1. Du bist nach dem Bilde Gottes geschaffen, der Liebe ist. Werde auch du nach und nach Liebe.

2. Gott ist dein Vater, du bist sein Kind; du kannst ihn «Abba» nennen — «Papa».

3. Bleibe vor Gott immer wie ein kleines Kind vor seiner Mutter.

Wenn diese Werte schon im zarten Alter eingepflanzt werden, sind sie wie der Stern des Guten Hirten und das ganze Leben lang ein sicherer Führer; wie ein Kompass werden sie unfehlbar die richtige Richtung angeben.

3. Juli

Hier sind noch drei grundlegende Werte der Erziehung:

4. Gott ist in Jesus Christus Mensch geworden. Ahme sein Beispiel nach. Er lädt dich dazu ein: «**Lernt von mir, denn ich bin sanftmütig und von Herzen demütig**» (Mt 11,29).

5. Jesus hat dir seinen Frieden und seine Freude versprochen. Bitte ihn inständig um diese Schätze, bis du sie erlangt hast. Und strahle um dich den Frieden und die Freude Christi aus; dafür sind sie dir gewährt worden.

6. Jesus will, dass du «**Salz der Erde**» (Mt 5,13) und «**Licht der Welt**» (Mt 5,14) bist, indem du durch deine «guten Taten» die Frohe Botschaft verkündigst.

4. Juli

Es folgen drei weitere grundlegende Werte der Erziehung:

7. Liebe deine Feinde; bete für die, die dich verfolgen (vgl. Mt 5,43-48). So wirst du wirklich ein Kind des Vaters im Himmel und so «vollkommen» sein wie er.

8. Mache dir wegen der Zukunft keine Sorgen, nicht einmal für morgen. Das ist die Bedingung für die Freude und den Frieden Christi. Er sagt dir: «**Jeder Tag hat genug an seiner eigenen Plage**» (Mt 6,34).

9. Denke wie der Herr, nimm nicht die Sichtweise der Welt an. Der tägliche, vertraute Umgang mit der Heiligen Schrift wird Gottes Denken in deinem Herzen verankern.

5. Juli

Es folgen die drei letzten grundlegenden erzieherischen Werte:

10. Blicke so barmherzig auf die Sünder wie Jesus. Richte nicht. Bete, dass sie Gottes Liebe entdecken.

11. Sei stolz auf deinen christlichen Glauben, stolz auf die Kirche. Möge Christus zu dir sagen können: «Ich bin stolz auf dich!»

12. Nimm Maria zu dir wie der Apostel Johannes (vgl. Joh 19,26). Sie wird dich lehren, ohne Unterlass zu beten und die Menschen und die Dinge mit Jesu Augen anzuschauen.

* * *

Hilf dem Guten Hirten, dich in diesen Werten zu erziehen und dich hinauszuführen aus dem «Schlammpfuhl der Sünde», dem Bereich des «Fürsten dieser Welt».

Und immer wenn du dich um eine Seele kümmerst, tue dasselbe. Bestehe bei den Eltern darauf, dass sie diese zwölf Werte in die Erziehung ihrer Kinder aufnehmen und sie in deren Kindheit und Jugend unablässig wiederholen.

6. Juli

In dir ist eine sprudelnde Quelle, deren lebendiges Wasser fließt, ohne dass du es gesammelt hättest. Das ist der Heilige Geist. Er allein schenkt dir das volle Verständnis für die Geheimnisse Christi. Durch Christus führt er dich mit in dir aufwallender, unendlicher

Zärtlichkeit zum Vater. Reich und mannigfaltig sind die Gaben, die er dir gewährt. Er führt dich in die Weisheit ein, die den Glauben vollkommener macht, in die Fülle der Wahrheit. Er ist dein Licht zum Verständnis der Heiligen Schrift, die du so sehr liebst. Er ist dein Tröster in der Not.

Mache dir die Gegenwart des Heiligen Geistes in dir deutlicher bewusst. Du bist sein Tempel. Er ist dein Leben. Er ist das **Leben.**

7. Juli

Du hast gerade über eine unergründliche Schwierigkeit nachgedacht. Dein Geist wäre beinahe in den Abgrund gestürzt. «Warum hat Gott, der in aller Ewigkeit Lebende, vor fünfzehn Milliarden Jahren das All erschaffen? Er, der ist, der war und der kommt? Warum hat er eine Ewigkeit gewartet, bis er in seinem eingeborenen Sohn Mensch geworden ist? Bis er seine Liebe so viel größer werden ließ?»

Gib diese Art von Fragen auf. Sie sind müßig und führen nur zu gänzlich unfruchtbaren Überlegungen. Was dir einst im Jenseits offenbart wird, geht unendlich weit über das hinaus, was du dir vorstellen kannst. Nimm deine Begrenztheit auf der Erde an, überlasse dich deiner Berufung, in der kurzen Zeit der **«großen Drangsal»** (Off 7,14), die du durchmachst, Anteil an Gottes Herz zu haben und in der Liebe immerfort zu wachsen.

8. Juli

Der Herr ist unendlich erhaben. Seine Erhabenheit kommt in der Pracht der Natur und in der königlichen Behandlung der getreuen Seelen herrlich zum Ausdruck. Lerne, ein Atom der göttlichen Größe in dein Leben zu übertragen. Durch deine liebende Nähe zu den anderen, gleich wer sie sind. Vor allem aber durch die Größe deiner Liebe zum Herrn. Auch zu mir, deinem Schutzengel.

9. Juli

«Ich suche nicht meinen Willen, sondern den Willen dessen, der mich gesandt hat» (Joh 5,30). Ahme Jesus nach und du wirst den geliebten Vater finden. Er geht den schmalen Weg des Gehorsams gegenüber seinen Gesetzen, seinem Willen.

10. Juli

Lebe gemäß den Worten des Evangeliums. Vermeide es, lang und breit darüber zu reden. Die Bücherregale in den Bibliotheken brechen unter den Auslegungen der Heiligen Schrift zusammen. Sie sind müßig, wenn sie in den Seelen nicht das verzehrende Feuer der Liebe entzünden. Für die Welt ist es notwendig, dass sie Jesus in dem lebendigen Beispiel seiner Jünger erkennt, und nicht nur über die Freude und den Frieden reden hört, die denen verheißen sind, die ihn lieben.

11. Juli

Wenn du einem leidenden Menschen begegnest, bleibe stehen und überlege, wie du ihm helfen kannst. Der treue Christ hat die Berufung, ein barmherziger Samariter zu sein (vgl. Lk 10,29-37). Jesus sagt zu jedem, auch zu dir: «**Gehe hin und tu desgleichen.**» Es gibt so viel Leid, das du lindern kannst: das Leid eines Einsamen, eines sich gegenseitig zermarternden Ehepaares, eines verachteten Einwanderers, eines verlassenen Kranken oder bedürftigen Armen. Du wirst einst nach deinen Taten nach dem Vorbild des guten Samariters gerichtet.

12. Juli

Verwandle ein Fleckchen der Erde in heiliges Land, beginnend mit deinem Haus. Dein Heim sei ein Heiligtum. Es soll ein weiterer Lichtpunkt sein, den der Vater segnet, wenn er vom Himmel auf die Myriaden von Lichtpunkten herabschaut, an denen die Jünger seines eingeborenen Sohnes wirken.

13. Juli

Der Fürst dieser Welt und seine Legionen umlauern die Seele auf der Suche nach einem Spalt, durch den sie eindringen können, um sie zu verderben. Ziehe «**den Panzer des Glaubens und der Liebe**» an (1 Tess 5,8). Er ist undurchdringlich für das Böse. Empfange mit unendlicher Dankbarkeit die Freude und den Frieden Christi. Sie sind göttliche Kennzeichen, die die bösen Geister in die Flucht treiben.

14. Juli

Könntest du doch das Lächeln Jesu sehen! Du würdest nach seinem Kommen Ausschau halten, und wenn er an deine Tür klopfte, würdest du ihn eilends willkommen heißen und ihr würdet zusammen Mahl halten wie die Apostel am Ufer des Sees (vgl. Joh 21). Sei öfter mit Jesus in stiller Anbetung beisammen. Du wirst himmlische Klänge vernehmen, die den Frieden und die Freude in deinem dankbaren Herzen mächtiger aufwallen lassen. Danach verbreite diese Schätze des Herrn um dich herum, so wie sich im Wasser die Wellen von der Stelle aus verbreiten, wo ein Stein hineingefallen ist.

15. Juli

Lasse dich von allem anziehen, was demütig und einfach ist. Das ist das Kennzeichen des Gottesreiches. Liebe die Demütigen und Kleinen, sie werden vom Herrn bevorzugt. Alle deine Neigungen und dein ganzes Wesen sollen dieses Kennzeichen tragen. Fliehe vor den Verwicklungen und dem Prunk der Welt. Alles was von der Welt ist, ist vergänglich. Was zum Reich Gottes gehört, trotzt der Zeit für immer. Sei ein verlässlicher Stützpunkt Christi; sein Werk setze sich durch dein Leben fort. Du musst noch große Fortschritte machen.

16. Juli

Das Kreuz, das du nach Jesu Wunsch in seiner Nachfolge trägst, dient dazu, das zu kreuzigen, was in dir noch von deinem stolzen Ich vorhanden ist. Dieser Rest hindert das göttliche Licht daran, dein ganzes Wesen zu durchdringen. Er hindert dich daran, dass du das **«Licht der Welt»** (Joh 9,5) widerstrahlst und so durch und durch zu Licht wirst. Beeile dich, endlich ein ganzer Jünger zu werden. Jesus braucht das so sehr, um sein Reich ausbreiten zu können.

17. Juli

Halte dich oft anbetend vor dem Allerheiligsten auf. Jede Anbetung führt dich näher zum Gipfel deines Daseins, wo voller Pracht das Mosaik zu sehen sein wird, aus dem dein Leben in seinen unzähligen Schritten auf dem Weg der Heiligkeit besteht. Lasse in den Augenblicken der Anbetung aus deinem Herzen Liebesseufzer dringen, die wie Weihrauch von der wirklichen Gegenwart des Herrn in der Hostie zum Himmel aufsteigen.

18. Juli

Du nimmst an den Ereignissen der ganzen Welt Anteil; meistens entschlüsselst du sie mit Hilfe des Evangeliums. Das ist recht. Ergänze diese Arbeit dadurch, dass du alle diese Ereignisse, die guten und schlechten, die bedeutenden oder unbedeutenden, dem Herrn des Himmels und der Erde aufopferst und darum bittest, dass alle Dinge eine Wendung zu seiner Ehre nehmen mögen. Jedes Gebet ist wie ein Sonnenstrahl, der die verhärteten Herzen auftaut und einen in Finsternis getauchten Raum erleuchtet.

19. Juli

«Christus ist der einzige Mittler zwischen Gott und den Menschen» (1 Tim 2,5). Verbinde dich in deinem innersten Wesen unaufhörlich mit ihm, dem treuen und gerechten Gott, **«der langmütig und reich an Gnade»** ist (Ex 34,6). Du gehörst zu dem Volk, das seinen Namen trägt. Stelle dich vor dem Herrn in die Bresche wie Mose nach dem Glaubensabfall seines Volkes. Bitte für die Welt, die den Mächten des Bösen ausgeliefert ist. Die Fürbitte der Jünger ist Teil des geheimnisvollen Kampfes zwischen der Finsternis und dem Licht. Du hast endgültig deinen Platz bei den **«guten Kämpfern Jesu Christi»** (vgl. 2 Tim 2,3) eingenommen. So führst du **«den guten Kampf»** (1 Tim 1,18). Diesen Kämpfern ist eine glänzende Belohnung zugedacht.

20. Juli

Du brauchst Christus, deinen einzigen Erlöser. Ein lebensnotwendiges Bedürfnis. Auch er braucht dich. Braucht dich zur Anbetung, die ihn in so vielen Beleidigungen tröstet. Braucht dich als **«Wiederhersteller der Trümmer»** (Jes 58,12), die durch die Bosheit so vieler Menschen aufgehäuft wurden. Braucht dich, um den von Zweifel und Entmutigung verwirrten Herzen Mut einzuflößen, um den verängstigten Seelen wieder Freude zu geben, um die Wesen zu ihm zu führen, die sich in der Finsternis der Sünde verirrt haben. Denke daran, dem Herrn nicht nur deine eigenen Nöte vorzulegen. Denke auch an Jesu Verlangen. Was für eine wunderbare

Aufgabe ist dir damit anvertraut! Das ist die Größe des nach dem Bild und dem Gleichnis Gottes geschaffenen Menschen. Mache dir das deutlich bewusst.

21. Juli

Du bist ein Teilchen der göttlichen tätigen Liebe. Betrachte oft das Leben Jesu. Alle Unterweisung, die du brauchst, ist darin enthalten. Er ist die vollkommene tätige Liebe. Sieh die Früchte an, die er zum Heil seiner Jünger gebracht hat. Zum Heil der Geschichte aller vergangenen und kommenden Jahrhunderte.

22. Juli

«Danket dem Herrn, denn er ist gut; in Ewigkeit währt sein Erbarmen. Reihet euch ein in den Zug mit Zweigen in Händen!» (Ps 118, 1.27) Ja, das Leben des Christen ist eine Feier. Es ist ein Fest! Wenigstens sollte es das sein. Dein Alltag ist eine Feier. Er ist oftmals ein Fest. Wenn deine Freude dich verlässt, rufe zu dem Geist der Liebe und des Lebens. Er möge dir die Freude am Fest wiedergeben. Lasse die Freude und den Frieden Christi nicht durch die Widrigkeiten des irdischen Lebens ersticken. Ich bin so glücklich in deiner Nähe, wenn du wie eine Feier und ein Fest bist. Das nimmt vorweg, wie wir einst gemeinsam Gott von Angesicht zu Angesicht schauen werden.

23. Juli

«Wir wissen, dass denen, die Gott lieben, alles mitwirkt zum Guten» (Röm 8,28). Alles, auch die Prüfungen, die du durchgemacht hast oder die noch andauern. Die Schöpfung, und eben auch der Mensch, «**liegt in Wehen**». Sie «**seufzt**», und «**auch wir seufzen in uns selbst in der Erwartung der Erlösung unseres Leibes**» (Röm 8,22-23).

Stelle dir das bildlich vor. Dann empfange den Geist, der deiner Schwachheit zu Hilfe kommt, denn du verstehst es noch nicht, recht zu beten. Deine Zerstreuung, also deine Schwäche, behindert den Aufschwung deines Herzens und bringt ihn zum Stillstand, wenn er sich entfalten will.

24. Juli

In der Kirche, der unbefleckten Braut Christi, hat es immer Streit und Spaltungen gegeben. Meistens werden sie von falschen Lehrern hervorgerufen, deren neue Lehren ein «**Ohrenkitzel**» sind (2 Tim 4,3). Sie sind willentlich oder unbewusst Werkzeuge des «**Vaters der Lüge**» (Joh 8,44). Gott sei Dank, es gibt eine Macht, die die Entscheidungsgewalt besitzt. Petrus und seine Nachfolger haben zusammen mit den Bischöfen, den Nachfolgern der Apostel, stets im Frieden ihrer Seelen sagen können: «**Wir und der Heilige Geist haben beschlossen...**» (Apg 15,28). Von daher die Gelassenheit des Geistes und der Seelenfriede bei den Jüngern in Verbundenheit mit Petrus, wie es bei dir der Fall ist — aus reiner Gnade.

25. Juli

Immer wenn die Jünger sich untereinander wie Brüder, Kinder des einen Vaters, verhalten, freut Christus sich. Sie bilden dann eine ähnlich vollkommene Gemeinschaft wie die der ersten Christengeneration (vgl. Apg 2,40-47). Dies ist nicht nur ein Vorrecht für klösterliche Gemeinschaften oder die Gemeinschaft in der charismatischen Erneuerung. So lebt die christliche Familie, von diesem evangelischen Leitbild sollen die Gemeinden sich anregen lassen und desgleichen die reichen Kirchen angesichts der armen oder verfolgten Kirchen. Wenn die Christen nicht Zeugnis von der teilenden Liebe des Evangeliums geben, verraten sie das Evangelium. Jesus mahnt seine Jünger: «**Was aber nennt ihr mich: "Herr, Herr", und tut nicht, was ich sage?**» (Lk 6,46) Wer sich so verhält, dessen Haus ist nicht auf festen Grund gebaut. Wenn die Fluten es forfreissen, wird es gänzlich zerstört werden. Sage das deinen Glaubensbrüdern.

26. Juli

«**Sanftmütig und von Herzen demütig**» (Mt 11,29) wie Jesus war, hat er dennoch nicht gezögert, sich aus Stricken eine Peitsche zu machen, um die Geldwechsler und die Händler des Tempels von Jerusalem aus dem heiligen Bereich zu vertreiben. Seine überraschende Handlung bezeugt die Heiligkeit des Tempels. In der Nachfolge Jesu ist jeder Christ ein Tempel Gottes, in dem der Heilige Geist wohnt (vgl. 1 Kor 3,16). Der menschliche Leib hat etwas von der Heiligkeit des Tempels von Jerusalem geerbt. Wie könnte der Herr dann darauf verzichten, streng gegen jeden vorzugehen, der diesen Leib beschmutzt, entweiht oder tötet? Diese grundlegende Wahrheit, die dem Geist der Welt entgeht, rufe zusammen mit der Kirche laut heraus, «**sei es gelegen, sei es ungelegen**» (2 Tim 4,2).

27. Juli

Du bist durch den Heiligen Geist «neu geboren», von oben geboren. Nikodemus hatte Mühe zu begreifen, dass dies notwendig ist (vgl. Joh 3). Sicher, nach dieser zweiten Geburt behält das Fleisch seine Anfälligkeiten und Schwächen. Das aus dem Geist geborene Göttliche ist im Begriff, dein menschliches Wesen umzuformen. Diese Geistesgabe kommt dir von Christus zu. Möge dein Mund den Herrn dafür preisen.

28. Juli

Du, der du die Gnade einer glücklichen, christlichen Ehe erhalten hast, bete mit deiner Frau oft für die zerstrittenen, entzweiten oder getrennten Ehepaare. Das ist eure Pflicht. Erinnere die Eheleute an die hohen Worte, die Jesus über die Unauflöslichkeit der Ehe gesprochen hat (Mk 10,1-12) und bitte den Herrn, das Einverständnis und die Übereinstimmung noch wachsen zu lassen, die aus eurer Ehe ein kleines Paradies auf Erden machen.

29. Juli

Christen sollten vor Glück strahlen. Sie haben «**den Weg der Wahrheit und des Lebens**» (Joh 14,6) entdeckt. Nachdem Jesus euch den Vater offenbart hat, führt er euch zu ihm. Er ist die Wahrheit, in ihm entdeckt man den wahren Sinn des Lebens; sein Evangelium gewährt Zutritt zu der vollen Wahrheit, nach der die Menschen tastend streben. Er ist das Leben; er allein führt zum ewigen Leben; er ist mit dem Vater im Heiligen Geist die Quelle allen Lebens. Schöpfe deine Freude aus diesem Wissen, das so viele Menschen noch entbehren.

30. Juli

Das Böse ist mächtig auf Erden. Es kommt von dem Bösen, der mit aller Macht versucht, die Welt in seine Ketten zu legen. Christus aber besiegt den Bösewicht. Er hat die Kette der Liebe geschaffen, an deren Glieder der **«Menschenmörder von Anfang an»** (Joh 8,44) nicht herankommen kann. Fühle dich als Glied dieser Liebeskette vollkommen sicher.

31. Juli

Gehe wie der Apostel Paulus in Christi Fülle ein. Lies noch einmal den Anfang des ersten Briefes an die Korinther. In den ersten zehn Versen erwähnt er Gottes und Christi Namen fünfzehnmal. In dieser Fülle sind die Christen vereint. Dulde nichts, was diesen Bund zerstören könnte. Nimm Brüder, die den Bund der Herzen und die Einheit des Geistes stören, sanftmütig und demütig wieder an.

August

1. August

Mache dir deine Gaben bewusst. Sie kommen keineswegs von dir. Der Heilige Geist gibt sie ein. Sie werden dir nicht zum eigenen Genuß verliehen, sondern um den Glauben deiner Brüder zu stärken. Du sollst sie zum Wohl derer beitragen lassen, mit denen du zu tun hast. Ziehe auch deinerseits Nutzen aus den Gaben deiner Nächsten, deiner Bekannten oder der Mitglieder der Kirche und sogar aus den Gaben von Weltmenschen weitab von den Gläubigen; denn der Geist ist es, der **«jedem nach seiner Eigenart zuteilt, wie er will»** (1 Kor 12,11). Daher bitte den Herrn, in dir das Staunen über die Gaben neu zu wecken, mit denen er die Menschen beschenkt.

2. August

Du tust gut daran, dir immer wieder zu sagen, dass man das dreizehnte Kapitel des ersten Korintherbriefs des Apostels Paulus regelmäßig lesen muss, um zu begreifen, worin die wahre, christliche Liebe besteht.

Und dass zugleich die Art und Weise überdacht werden muss, in der man selbst diese Liebe zu den Nächsten, zu dem Nächsten, dem man auf seinem Weg begegnet ist, verwirklicht hat. Sofern man das eigene Leben sachlich betrachtet, birgt eine solche asketische Übung einige Überraschungen in sich.

Dir selbst bleibt noch ein langer Weg, um zu der Vollkommenheit zu gelangen, die Jesus von seinen Jüngern fordert.

3. August

Christen sind freie Wesen. Jesus hat sie befreit, denn er allein ist der Herr. Sieh, wie er zu den Pharisäern spricht, die seine Jünger beim Ausraufen und Essen der Ähren am Sabbat belauern: **«Der Menschensohn ist Herr über den Sabbat»** (Luk 6,5). Bitte Jesus darum, dass er dir stets die wahre Freiheit offenbart, durch die man sich dem Willen des geliebten Vaters liebend unterwirft. In dir sind noch ein paar Knoten zu entwirren; du verwechselst den Glauben manchmal noch mit seiner kulturellen Erscheinungsform.

4. August

«Der Herr ist mein Hirte, ich leide nicht Not; auf grünender Weide lässt er mich lagern» (Ps 23,1-2). Könnte es ein lieblicheres Bild geben als dieses? Der Christ gehört zu einem auserwählten Geschlecht; er braucht sich nur seinem Herrn in Liebe hinzugeben wie das Lamm seinem Hirten. Im christlichen Glauben herrschen Güte und Liebe. Es ist Verrat am Evangelium, wenn man daraus eine Religion der Beunruhigung und Furcht macht. Jesus hat die Folgen der Sünde am Kreuz getilgt. Vergiss nie, dass du ein in Frieden und Freude zur Liebe befreites Wesen bist.

5. August

Du bist von einem unendlich liebenden Vater in seinem eingeborenen Sohn erschaffen worden. Du bist ein neues Geschöpf. Verherrliche den Herrn und preise ihn einmütig mit allen, die ihn kennen und lieben. So wirst du auf Erden deine Berufung zur Ewigkeit vollkommen erfüllen.

6. August

Machst du dir recht deutlich, dass du **«vor der Grundlegung der Welt erwählt»** wurdest, um der Liebe zu dienen und Liebe zu werden, heilig und untadelig in Gottes Augen (vgl. Eph 1,3)? Welch königliche Bestimmung habt ihr Menschen doch, und hast du! Du bist durch Jesus Christus für immer ein Sohn des ewigen Vaters. Gerade deswegen liebe ich dich so und verherrliche den Herrn, den ich selig von Angesicht zu Angesicht schaue.

7. August

Es gibt Menschen, die Gott ablehnen, die sich ihm entziehen; sie sind in der tödlichen Gefahr, auf ewig verloren zu gehen. Sie werden Söhne des Bösen, während sie doch dazu berufen sind, sich zu Söhnen des Reiches zu entwickeln, die vor dem Thron des Vaters wie die Sonne strahlen. Bereite und pflege den guten Boden deiner Seele mit Sorgfalt; das von dem göttlichen Sämann ausgestreute Korn wird sich durch die Großzugigkeit des Herrn vervielfältigen. Öffne deinen Geist und dein Herz immer großzügiger, um die Geheimnisse des christlichen Lebens vollständig zu erfassen.

8. August

Jeder Christ hat wie der Apostel Paulus einen Stachel im Fleisch (vgl. 2 Kor 12). Mache dir deswegen keine Sorgen, denn der Herr sagt zu dir: «**Meine Gnade genügt dir.**» Der Stachel ist das Zeichen deiner Schwäche. Bejahe ihn mit ganzem Herzen, er lässt dich demütig bleiben. Sprich mit dem Apostel: «**Wenn ich schwach bin, bin ich stark.**» Stark von der Kraft Christi, der trotz des Stachels in dir wirkt.

9. August

«**Ich bin nicht gekommen, die Welt zu richten, sondern die Welt zu retten**» (Joh 12,47). Freue dich, du zählst zu den Geretteten, denn du «**bekennst Jesus als den Herrn und glaubst, dass Gott ihn von den Toten auferweckt hat**» (vgl. Röm 10,9). Bitte um die Bekehrung der Menschen guten Willens, die den Weg des Heils in Christus noch nicht entdeckt haben.

10. August

Wenn gegen ein staatliches Gesetz verstoßen wird, betrachte die Angelegenheit immer unter dem geistlichen Gesichtspunkt. Was legal ist, ist nicht notwendigerweise auch sittlich im christlichen Sinn. Du lebst in einer Gesellschaft, die beides miteinander verwechselt; sie behauptet, was gesetzlich erlaubt sei, sei auch sittlich einwandfrei. Das ist eine heidnische Sprache, die vom «**Vater der Lüge**» (Joh 8,44) eingegeben wird. So ist es gesetzlich zulässig, ein Kind im Mutterleib zu töten. In den Augen Gottes ist das ein Greuel. Bekämpfe diese tödliche Verirrung auch weiterhin.

11. August

Höre das Wort Jesu an seine Jünger: «**Ich habe euch erwählt und euch dazu bestimmt, dass ihr hingeht und Frucht bringt und eure Frucht bleibe**» (Joh 15,16). Frage dich abends bei der Gewissenserforschung, welche Frucht du an diesem Tag gebracht hast. Deine Tage sind gezählt, jeder Tag vergrößert deinen Vorrat an Früchten, den du für das ewige Leben angelegt hast. Sorge dafür, dass du dem Herrn eine große Menge an Früchten vorweisen kannst, wenn du vor ihm erscheinst. Immer wenn sich ihre Zahl vergrößert, ist das für mich ein Grund zur Freude.

12. August

Gehe deinen Lebensweg gelassen und mit der wunderbaren Gewissheit vom endgültigen Sieg des Gottessohnes im Herzen, der zu seinen Jüngern sprach: «**Habt Mut! Ich habe die Welt besiegt**» (Joh 16,33). Ja, er wird die Welt besiegen, die in die Finsternis der Sünde und der Verdorbenheit getaucht ist. Eine Welt, die doch die Erbin christlicher Werte ist, ohne aber deren Ursprung und Ziel zu erkennen. Diese verlorenen Kenntnisse von der Botschaft des Evangeliums werden in dem Maße wieder zunehmen, wie die Jünger ihre Aufgabe erfüllen, «Sauerteig» in dem Teig der Menschheit zu sein und Licht, das das «Licht der Welt» widerspiegelt. Bis zum endgültigen Sieg trage du dein Teilchen an Sauerteig bei. Welch wunderbare Berufung des Christen!

13. August

Petrus, der Fels, auf dem die Kirche erbaut ist, hat dessen ungeachtet den Herrn verraten, als er ihn dreimal verleugnete. Sieh nicht seine schwere Verfehlung an, sondern seine bitteren Tränen, die zur Quelle seiner zu Pfingsten einsetzenden Verwandlung wurden. Der Abtrünnige wurde zu einem Meister des Wortes des Herrn, er war glücklich, es voller geistgewirkter Selbstsicherheit zu verkündigen. Jesus hat das Bild des Verrats aus seinem göttlichen Herzen getilgt. Es bleibt darin nur das Bild des geliebten Apostels, der die Schlüssel des Reiches hält.

So sind auch alle die Verfehlungen deiner weit zurückliegenden Vergangenheit im Herzen Gottes getilgt. Es bleibt darin nur das Licht übrig, das du von dem einzigartigen «Licht der Welt» widerstrahlst.

14. August

Kennst du deinen Tauftag? Er ist wichtiger als dein Geburtstag. Ich entsinne mich meiner großen Freude, als der Priester sagte: «Ich taufe dich im Namen des Vaters, des Sohnes und des Heiligen Geistes!»

Jesus selbst hat sich der Taufe durch Johannes im Jordan unterzogen, um zu betonen, dass diese feierliche Handlung lebenswichtig ist, durch die eine Seele in Gottes Familie aufgenommen wird. Sie wäre für ihn durchaus nicht nötig gewesen, da Johannes die «**Taufe der Umkehr zur Vergebung der Sünden**» vollzog (Mk 1,4). Seine Taufe war aber eine Gelegenheit zu einer neuen Offenbarung des himmlischen Vater: «**Du bist mein geliebter Sohn, an dir habe ich Wohlgefallen**» (Mk 1,11).

Ich feiere deinen Tauftag. Mache es ebenso.

15. August

Heute feiern wir im Himmel mit euch auf der Erde die «**mit zwölf Sternen gekrönte Frau**», die «**schreit in Wehen und Geburtsqualen**» (Off 12,1-2). Bis zum Ende der Zeiten gebiert die Mutter Christi immer neue Jünger. Ihre Heimsuchungen in Freude, aber auch unter Tränen, bezeugen es. Sie, die mit Leib und Seele in die Herrlichkeit des Himmels aufgenommen wurde, ist die Mutter aller Glieder der Kirche auf ihrem Weg zum Heil, deren Hoffnung sie stärkt; sie ist die Morgenröte der siegreichen Kirche. Der Allmächtige hat Wunder für sie getan! Bete eifrig zu dieser unendlich liebevollen Mutter, die du so sehr liebst, dass sie dir hilft, zur Herrlichkeit der Auferstehung zu gelangen. Sie ist so glücklich, wenn sie diese Sendung erfüllen kann, die ihr von ihrem Sohn Jesus übertragen wurde.

16. August

Betrachte unablässig Gottes Geheimnisse; zwar gelangst du mit deinen Betrachtungen nie ans Ende, aber du wirst darin weiterkommen. Ziehe die Einsicht in diese Geheimnisse jedem menschlichen Wissen und allem Reichtum vor. Bitte um Unterscheidungsvermögen, grabe nach Gottes Weisheit **«wie ein Schatzgräber»** (Spr 2,2). **«Dann verstehst du Gerechtigkeit, Recht und Geradheit und jede gute Bahn»** (Spr 2,9). Sei ein vertrauter Freund der Weisheit.

17. August

Die Kirche ist das neue Jerusalem, das Jerusalem von oben. Höre, was der Herr über sie sagt: **«Einem Strom gleich leite ich den Frieden zu ihr hin und wie einen überflutenden Bach den Reichtum der Nationen. Ihre Säuglinge wird man auf den Hüften tragen und auf den Knien liebkosen. Wie einen, den seine Mutter tröstet, will ich euch trösten. Durch Jerusalem sollt ihr getröstet werden. Ihr werdet es sehen und euer Herz wird sich freuen»** (Jes 66,12-14). Sei stolz auf deine Zugehörigkeit zur Kirche. Sie ist dein kostbarster Schatz.

18. August

Bete häufig für die Verirrten, von denen der Apostel Paulus sagt: **«Viele wandeln als Feinde des Kreuzes Christi. Ihr Ende ist Verderben, ihr Gott ist der Bauch, und ihr Ruhm liegt in ihrer Schande, ihr Sinn ist auf das Irdische gerichtet»** (Phil 3,18-19). Bete dafür, dass sie ihr wahres Wesen erkennen: Sie sind nach dem Bild und dem Gleichnis Gottes erschaffene Lebewesen. Möge der Heilige Geist sie dem Einfluss des «**Menschenmörders von Anfang an**» (Joh 8,44) entziehen.

19. August

Jesus richtet an dich dieselbe Kernfrage, die er seinen Jüngern in der Gegend von Cäsarea Philippi gestellt hat und die er seinen Jüngern durch alle Jahrhunderte hindurch stellt: «**Ihr aber, für wen haltet ihr mich?**» (Mt 16,15) Mit Petrus hast du mitten aus deinem Glauben heraus geantwortet: «**Du bist der Messias, der Sohn des lebendigen Gottes**» (Mt 16,16). Und Jesus nennt jeden selig, der diesen Glauben bekennt. Du bist, das sollst du wissen, in seinen Augen selig, nicht aus eigenem Verdienst, sondern durch den Heiligen Geist, der dir diese Wahrheit offenbart hat.

20. August

Die Gemeinschaft, die von den Eheleuten gebildet wird, ist die Grundlage der menschlichen Gesellschaft. Die Familie ist heilig. Das ist ein großes Geheimnis. Es ist so groß, dass es dazu dient, die Beziehung zwischen Christus und seiner Kirche zu erklären. Als Eheleute und Eltern sind sie Glaubenszeugen und Mitarbeiter der Gnade. Sei stolz darauf, in diesem großen Geheimnis eine Rolle zu spielen.

Deine Frau und deine Kinder ernten die schönen Früchte deines Glaubens, so wie du ihre Früchte vermehrst. Auf diese Weise gebt ihr der Welt ein wertvolles

Zeugnis. Auf wohlgesinnte Seelen wirkt das Beispiel eines christlichen Heims ansteckend.

21. August

Bemühe dich alle Tage neu um den inneren Frieden. Du bist vor dem aufreibenden Kampf gegen die Mächte der Finsternis nicht geschützt, der sich bis zum Ende der Welt hinzieht (vgl. Mt, 24,13). Mit Gottes Gnade und deinen eigenen, mit der Gnade mitwirkenden Anstrengungen wirst du den inneren Frieden bewahren oder wiedererlangen, wenn er verloren war. Das ist die Hauptquelle deines Glücks.

22. August

Achte jeden Menschen, selbst wenn er sich verirrt hat. Liebe ihn wie ein zweites Ich. Handle entsprechend Jesu Aufforderung wie ein Held, um dem, der dich hasst, Gutes zu tun und für den zu beten, der dich verleumdet und verfolgt (vgl. Mt 5,43-44).

23. August

Liebe deine Brüder. «**Wer nicht liebt, bleibt im Tode**» (1 Joh 3,14). «**Wir wollen nicht mit Worten lieben und mit der Zunge, sondern in Tat und Wahrheit**» (1 Joh 3,18). Nur so kannst du dein Lob auf den Herrn singen. Du weißt durch dein ganzes Leben, wie gütig er ist, da seine Liebe und Treue ewig währen.

24. August

Höre nicht auf, im Glauben und durch deine Werke zu wachsen. «**Mein Vater wirkt bis jetzt, und auch ich wirke**», spricht Jesus zu dir (Joh 5,17). In dieser Hinsicht genügt es, das Wort zu hören, das er im Evangelium an dich richtet, und an den Vater, an seine Allmacht und unendliche Liebe zu glauben. So wirst du das ewige Leben erlangen, denn du bist schon aus dem Tod ins Leben gekommen (vgl. Joh 5,24).

25. August

Ahme Jesus nach und iss auch du mit den «Zöllnern und Sündern» dieser Zeit. Denn Jesus ist nicht gekommen, um die Gesunden zu retten, sondern die Kranken. Er ist nicht gekommen, um die Gerechten zu berufen, sondern die Sünder (vgl. Mk 2,16-17). Die Gerechten folgen ihm treu nach, darum besteht für den Herrn nicht die geringste Notwendigkeit, sie zu berufen. Wenn du mit Sündern zusammenkommst, fällt durch dich ein wenig von Christi Licht auf sie. Das ist deine Berufung als Jünger.

26. August

«**Die Himmel rühmen die Herrlichkeit Gottes, die Himmelsfeste verkündet das Werk seiner Hände**» (Ps 19,2). Welch ein Glück ist es für dich, der du die unerhörte Gelegenheit hast, in einer Zeit zu leben, in der der Mensch immer wunderbarer, immer weiter in das All vordringt. Diese Öffnungen in Milliarden von

Lichtjahren zu Milliarden — nicht sonnenartigen Sternen, sondern — Galaxien, jede mit Milliarden von Sonnen, die von der unendlichen Macht des Schöpfers zeugen. Wie gut es tut, sich mit Liebe dem unendlichen Geschöpf zuzuwenden, das du angesichts des Alls bist, es in dem eingeborenen Sohn zu lieben und in dir eine Wohnstatt des Heiligen Geistes zu errichten. Halte dich nie für klein, wenn dein ganzes Wesen auf Gott ausgerichtet ist und in ihm lebt. Du bist in den Augen des Schöpfers unendlich wertvoll, wertvoller als das ganze stoffliche All. Darum hat er mich dir als Hüter zur Seite gestellt. Wie glücklich bin ich darüber, der Hüter eines solchen «**Wunders**» (Ps 139,14) zu sein.

27. August

Christus hat dich von allem Zwang befreit, der nicht zu deinem Glück gehört; er hat dich von der Furcht befreit, die seit der Vertreibung aus dem Garten Eden im Herzen des Menschen steckt. Singe mit dem Psalmisten im Hören auf den Heiligen Geist: «**Der Herr ist mein Licht und mein Heil, wen sollte ich fürchten? Der Herr ist der Hort meines Lebens, vor wem sollte ich bangen?**» (Ps 27,1) Dein ganz auf den Herrn ausgerichtetes Herz hat nur noch Raum für den Lobpreis und die Freude. Immer wenn du ihn besingst, singe ich mit dir.

28. August

Die Christen bilden ein einiges und zusammengehöriges Volk. Ihr Zusammenhalt soll sich darin zeigen, dass sie treu zu den eucharistischen Versammlungen gehen, besonders am Sonntag, dem Tag des Herrn. **«Lasst uns aufeinander sorgfältig Acht haben, um uns zur Liebe und zu guten Werken anzuspornen. Bleiben wir unserer eigenen Versammlung nicht fern, wie es bei einigen Brauch ist, sondern ermuntern wir uns gegenseitig»** (Hebr 10,24-25). Nimm diese Ermahnungen wörtlich. Ein Zeichen der Aufmerksamkeit, ein aufmunterndes Wort wirken Wunder. Übe dich in dieser zarten Aufmerksamkeit des Christen. Geh aus dir selbst heraus und wende dich den anderen zu.

29. August

Der Tod eines Christen gleicht dem Flug des Schmetterlings nach dem Tode der Raupe. Dem Flug zum Himmel nach dem langen, mühseligen Weg auf der Erde. Der Christ stirbt in Christus und wird mit ihm leben (vgl. 2 Tim 2,11). **«Ich habe das Verlangen, aufzubrechen und mit Christus zu sein»**, seufzt der Apostel Paulus (Phil 1,23). Der Tod ist nichts anderes als das Ende der irdischen Pilgerschaft. Sprich mit dem Poverello von Assisi: «Sei gepriesen, mein Herr, für unseren Bruder, den leiblichen Tod, dem niemand entgehen kann.» Das Wort hat Fleisch angenommen und darum ist dein Fleisch geheiligt. Es wird nach dem Tod des irdischen Leibes in einen geistlichen Leib verwandelt.

30. August

Die Heiligen, darunter alle deine Nächsten, die schon bei ihnen sind, festigen die Kirche in ihrer Heiligkeit. Sie treten für die Seelen derer ein, die noch in den Banden des Fleisches liegen. Sie treten für dich ein. Ihre Liebe ist für deine andauernden Schwächen eine Hilfe. Knüpfe das Band der Gemeinschaft mit ihnen fester. Bilden sie nicht zusammen mit den auf Erden pilgernden Gläubigen die Gemeinschaft der Heiligen, die in Christi Leib vereint ist?

31. August

Du bist durch die Taufe und den Glauben in das Gottesvolk aufgenommen worden. Durch Christi Blut bist du gereinigt worden. Du gehörst zu dem «**auserwählten Geschlecht, der königlichen Priesterschaft, dem heiligen Stamm**» (1 Petr 2,9). Erkenne deinen Wert in Gottes Augen. Er ist unendlich groß. Er ist ein Teilchen der Liebe, die der Vater für seinen Sohn empfindet und die der Sohn dem Vater im Geist zurückgibt.

September

1. September

Wieviel Zärtlichkeit liegt in einigen von Jesu Worten! Besonders lieb seien dir die folgenden: «**Kommt zu mir alle, die ihr mühselig und beladen seid: Ich will euch erquicken. Nehmt mein Joch auf euch und lernt von mir, denn ich bin sanftmütig und demütig von Herzen, und ihr werdet Ruhe finden für eure Seelen. Denn mein Joch ist sanft und meine Last ist leicht**» (Mt 11,28-30). Erobere mit diesen Worten Seelen für Christus, die niedergedrückt sind und ihn nicht kennen. In einer Prüfung sind sie am offensten für eine Bekehrung im Geist dieser so lieblichen und tröstlichen Worte.

2. September

Folge dem Herrn auf seinen Wegen. Teile seine Leiden, nicht nur die seiner Passion, sondern auch das Leid, das er bei seiner von Liebe und Barmherzigkeit erfüllten Sendung angesichts der halsstarrigen Pharisäer und Schriftgelehrten empfunden hat. Das Evangelium vom heutigen Tag gibt dafür erneut ein Beispiel. Jesus lehrte wieder einmal in einer Synagoge. Es war am Sabbat. Die verhärteten Herzen lagen auf der Lauer: Würde er an diesem Tage heilen, wo es vom Gesetz verboten ist? Jesus las in ihren Herzen. Er sprach sie an. «**Er blickte sie alle ringsum an und sprach zu ihm: "Strecke die Hand aus."**» Der Mann war geheilt, die Gesetzeslehrer waren «**voll blinder Wut**» (Lk 6,6-11). Jedes Gesetz, das nicht der Liebe dient, ist zu verwerfen. Jedes Mal wenn du dich für Recht und Ordnung stark machst, ohne zu unterscheiden, ob das der Liebe dient, gleichst du jenen Pharisäern. Nur die Liebe wird dich endgültig davon befreien. Merke dir das Wort des Apostels: «**Ich bin dem Gesetz gestorben, um Gott zu leben**» (Gal 2,19).

3. September

Heute feiert die Kirche den heiligen Gregor den Großen, den Papst der evangelischen Vollkommenheit, den Gestalter der römischen Liturgie und den Aussender von Missionaren, den Liebhaber der Kirche und der Heiligen Schrift. Auf diese Weise hat der ehemalige Verwaltungschef von Rom seine überragende Begabung als Organisator und Schriftsteller in den Dienst der Kirche und ihrer Ausbreitung gestellt. Bei seinem Tod im Jahre 604 stand sie strahlend und eroberungsbereit da, aber nicht durch Gewalt, sondern dank der Sanftmut und Demut eines tatkräftigen und erfolgreichen Hirten.

Bete darum, dass eineinhalbtausend Jahre danach neue Menschen wie Gregor erstehen, Hirten mit seinen Gaben, die sich im Dienste des Evangeliums von seinem

Beispiel anregen lassen; diese neuen Zeiten bieten unvergleichliche Mittel, um Seelen zu gewinnen.

4. September

Das Leben bedeutet für den Christen, sich des Daseins Christi bewusst zu sein und ihm die bedingungslose Oberherrschaft über das eigene Dasein einzuräumen; dann kann er mit dem Apostel sagen: «**Ich lebe, doch nicht mehr als Ich, sondern Christus lebt in mir**» (Gal 2,20). Komme diesem göttlichen Ziel ständig näher. Dein Lohn wird groß sein.

5. September

«Sack und Asche», die den Pharisäern so viel wert waren, haben in den Augen des Herrn nur dann Wert, wenn sie Zeichen der inneren Begleiterscheinungen der Bekehrung des Herzens sind. Man kann ohne Fasten oder Abtötung ins Himmelreich kommen; doch dürren Herzen ist der Eintritt verwehrt.

Richte dein Leben weiterhin immer neu auf Gott aus: durch die Umkehr von ganzem Herzen, durch deinen für die Sünde unantastbaren Weg in der Gnade, deinen Widerwillen gegen das Böse, vor allem das von dir verübte, sowie durch deinen Abscheu vor den Werken der Finsternis. Feiere in dir das neue Herz, «**den neuen Menschen, der nach Gott geschaffen ist**» (Eph 4,24). Dem Jünger Christi ist es gegeben, eine solche vollkommene Umwandlung zu vollbringen. «**Deine Sünden sind vergeben**» (Mk 2,5). Singe mit dem Psalmisten: «**Es geleiten mich deine Gnade und Huld durch alle Tage meines**

Lebens. Und wohnen darf ich im Hause des Herrn für immerwährende Zeiten» (Ps 23,6).

6. September

Du glaubst an das ewige Leben. Diesen Glauben sprichst du im Glaubensbekenntnis der Kirche aus. Du hast es bei deiner Empfängnis begonnen. Du gehst durch die «**große Drangsal**» (Off 7,14), in der du geprüft wirst «**wie Gold im Feuer**» (Off 3,18). Was dich erwartet, ist unbeschreiblich: Es ist das Schauen der Liebe von Angesicht zu Angesicht. Zuvor muss man durch den Tod hindurch, durch die schmerzvolle Trennung von den Menschen, die du liebst, von dieser so prachtvoll schönen Erde, die aber von der Sünde so grausam verletzt ist, von der Gnade hingegen so wunderbar wiederhergestellt wird. In diesem letzten Augenblick wirst du sagen: «Ich sterbe nicht, ich gehe ins Leben ein.» (Therese von Lisieux) Bitte darum, dass dir diese letzte Gnade gewährt wird.

7. September

Gestern war dein Herz von einem Schleier von Traurigkeit bedeckt. Heute ist die Sonne wieder da. Jeden Tag soll die Freude neu in dir ausbrechen! Vereinige dich am Morgen mit dem Lobgesang, den Myriaden von Seelen singen: «**Jubelt dem Herrn, alle Lande, in Freuden dienet dem Herrn, vor sein Angesicht kommt mit Jauchzen!**» (Ps 100,1-2) Jesus spricht zu den Menschen: «**Das habe ich zu euch geredet, damit *meine Freude* in euch sei und eure Freude vollkommen werde**» (Joh 15,11); es verlangt ihn danach, den Schatz zu teilen, den sein Vater ihm anvertraut hat.

8. September

Heute ist dein Herz voller Freude und Dank. Die Kirche feiert einen großen Gedenktag: die Geburt Mariens, der Mutter Jesu. Sie wurde von Gott auserwählt, um uns die Sonne der Gerechtigkeit zu schenken, Christus, unseren Gott. Ihr verdankst du, dass du unter dem Stab deines Guten Hirten gehst, dass du in Sicherheit lebst und dass dir in aller Welt Brüder gegeben sind. Mit ihnen zusammen bist du durch ihren Sohn von deinen Sünden erlöst. Juble heute voller Freude.

9. September

Auch für dich gilt: «**Wenn auch unser äußerer Mensch aufgerieben wird, so erneuert sich doch unser innerer von Tag zu Tag mehr**» (vgl. 2 Kor 4,16). Diese Erneuerung erlaubt es dir, immer deutlicher zu erkennen, «**was unsichtbar ist**» und was «**ewig ist**» (vgl. ebd. 4,18). Erhalte dir diese von deinem Glauben gestärkte Fähigkeit sorgfältig.

10. September

Jesus hat die Gute Nachricht von den Seligpreisungen auf einem hohen Berg offenbart. Es sieht aus, als sei die Welt hiermit auf den Kopf gestellt; in Wirklichkeit ist es aber eine erhobene, verklärte Welt. Du hast zusammen mit deinen christlichen Brüdern die Aufgabe, diese Seligpreisungen zu verkünden, indem du danach lebst und sie weitersagst. So wirst du zu den unzähligen Scharen derer gerechnet, denen Jesus sagt: «**Freut euch und frohlocket, denn euer Lohn ist groß im Himmel**» (Mt 5,12).

11. September

Die Geschichte ist voller Märtyrerblut. Muss man darüber sehr traurig sein? Ja, gewiss; aber unter dem Blickwinkel der Ewigkeit hast du hier wiederum einen Grund zur Freude. «Freuen wir uns mit den Blutzeugen! Durch das Blut des Lammes haben sie gesiegt. (…) Sie herrschen mit Christus», so lautet das Eingangslied der Eucharistiefeier für mehrere Märtyrer. Denn: «**Wenn wir mitgestorben sind, werden wir auch mitleben. Wenn wir mitdulden, werden wir auch mitherrschen**» (2 Tim 2,11-12). Möge der Herr dich unaufhörlich mit seiner Liebe stärken und dich inniger aus dem neuen Leben leben lassen, mit dem er dich beschenkt.

12. September

Wie froh bist du, weil du weißt, dass die Suche nach dem Glück in der Suche nach dem Herrn besteht! So viele Seelen suchen das Glück, ohne es je zu finden! Sie suchen es da, wo es nicht sein kann. Die Suche des Menschen geht nach dem Unendlichen. Das Unendliche aber, das ist Gott. Jesus hat euch das wahre Wesen Gottes offenbart. Du suchst nicht mehr, denn du hast «**das einzige Glück**» gefunden (vgl. Ps 16,2). Sage deinen Brüdern, dass das Glück in Reichweite liegt und dass ihr ganzes Leben nicht genügt, um es auszuschöpfen.

13. September

Liebe stille Räume, in denen du mit dem Herrn Zwiegespräch halten kannst. Er lässt sich besonders in einem «**leisen, sanften Säuseln**» finden (1 Kön 19,12). Fliehe Lärm und Aufgeregtheit. Bete, dass eine Zeit kommt, in der die Menschen sich in einer Gelassenheit wiederfinden, wie sie in der Stille um eine verborgene Quelle entsteht. Um die göttliche Quelle.

14. September

Jesus stellt dir oft die entscheidende Frage, die er dreimal an Simon Petrus gerichtet hat: «**Liebst du mich?**» (Joh 21,15).

Welche ist die wahre Liebe, mit der Jesus geliebt werden will? Das ist vor allem die Liebe, die du deinen Brüdern zuwendest. Erst dann kannst du zu ihm gehen: «**Herr, du weißt alles, du weißt, dass ich dich liebe.**» Dann kann Jesus zu dir sagen: «**Folge mir nach**» (Joh 21,19). Auf diese Weise sei sein Zeuge, wo du lebst und handelst.

15. September

Sei nicht wie die Apostel, die immer noch glaubten, der auferstandene Jesus werde das Reich Israel wiederherstellen, als er sie verließ, um zum Vater zu gehen. Als Antwort auf ihre unreife Erwartung verkündet Jesus ihnen die Herabkunft des Heiligen Geistes, der sie über ihre Sendung in seinem Dienst aufklären werde. Ihre Sendung und die Sendung aller künftigen Jünger, auch deine, besteht darin, überall auf der Welt sein Zeuge zu sein. Sie wird bis zur Wiederkunft des Herrn in Herrlichkeit andauern. Wie einfach sind doch diese Dinge! Sage deinen Brüdern, sie sollen sich nicht den Kopf zerbrechen. Die Gute Nachricht ist kristallklar wie frisches Quellwasser.

16. September

«Der Herr ist der Geist. Wo aber der Geist des Herrn ist, da ist Freiheit» (2 Kor 3,17).

Welches Glück ist die Entdeckung der wahren Freiheit! Du hast die Gnade, jeden Tag erfüllter in der Freiheit des Geistes zu leben. Du lebst in einer bevorzugten Umgebung, das stimmt. Beteilige dich an der Sorge für die, die weder diese Gnade noch dieses Glück haben. Im Himmelreich wird alles unentgeltlich gegeben. Aber alles muss auch seine Früchte bringen. Und erinnere dich, es sind ihrer nie zu viele. Gib dich nicht mit einem Mindestmaß zufrieden. Vergrößere deinen Anteil, um anderen, weniger Begünstigten damit zu nützen.

17. September

Der Gedanke, dich unter den Hundertvierundvierzigtausend zu sehen, die den Namen des Lammes und den Namen seines Vaters auf der Stirn tragen, versetzt mich schon jetzt in unsägliches Glück. Ich werde an deiner Seite sein. Wir werden das **«neue Lied»** der **«von der Erde Losgekauften»** singen und **«dem Lamm folgen, wohin immer es geht»** (Off 14,3.4b-5).

Hundertvierundvierzigtausend: das Glück in Fülle, die von Christus ererbte Vollkommenheit.[2]

18. September

Sei in Jesus, deinem Erlöser, verwurzelt, baue dein Leben auf ihn; bleibe fest in dem Glauben, wie man ihn dich gelehrt hat; fließe über vor Dankbarkeit (vgl. Kol 2,6-7). Diese Verwurzelung beschützt dich in den heftigsten Stürmen des Lebens. Dann bist du im Geist nicht zu entwurzeln und bleibst sogar in dem Leid, das dich unweigerlich bedrängen wird, ruhig. Daher achte nie auf die leeren, trügerischen Worte der falschen Hirten, mit denen sie die Schafe des Guten Hirten in die Irre führen wollen.

19. September

Du wurdest vom Herrn erwählt, um einer von den Seinen zu werden. Erwählt, um Frucht zu bringen, reiche und bleibende Frucht. Dazu ist das Beten für dein inneres Leben genauso wichtig wie das Atmen für den Leib. Sieh auf Jesus in der Nacht, bevor er aus der bereits stattlichen Zahl seiner Jünger die Zwölf auswählte: «**Er ging auf den Berg, um zu beten, und er verbrachte die ganze Nacht im Gebete zu Gott**» (Lk 6,12). Gehe nie an eine große Aufgabe heran oder fälle eine schwerwiegende Entscheidung, ohne ihnen ein Gebet vorauszuschicken; und das Gebet wird umso länger sein, je bedeutungsvoller die

---

2. 144000 ist die sinnbildliche Zahl der Fülle. Sie ist das Ergebnis von Zahlen, die jede für sich bereits Vollkommenheit bedeuten: 12x12x1000. Es handelt sich um eine unzählig große Schar.

Aufgabe oder die Entscheidung sind. Die Auswahl seiner zwölf Apostel war für Jesus sehr wichtig; darum hat er sie durch eine ganze Gebetsnacht vorbereitet. Ahme den Herrn nach und du wirst gesegnet sein.

20. September

Ja, du bist von Gott auserwählt, du gehörst für immer zu seinen Gläubigen und Geliebten und darum musst du dein Herz unbedingt «**mit Erbarmen, Güte, Sanftmut und Geduld**» erfüllen (vgl. Kol 3,12). Du musst handeln wie der Herr; er hat dir vergeben, das ist dir wohl bewusst; tue es auch. Von nun an soll dein Leben darin bestehen, Gott mit vor Freude und Dank überfließendem Herzen zu loben. Ihn loben durch Gebet und loben durch Taten, wobei du wörtlich nehmen musst, was Jesus sagt: «**Richtet nicht, und ihr werdet nicht gerichtet werden; verdammet nicht, und ihr werdet nicht verdammt werden; vergebet, und euch wird vergeben werden**» (Lk 6,37). «**Liebe deinen Nächsten wie dich selbst**» (Mt 19,19). Welchen? Jeder ist dir ein Nächster: dein Nachbar, dein Arbeitskollege, der Einwanderer, die Verkäuferin, die Insassen in dem Auto vor dir, die Mitreisenden im Zugabteil, der Mensch, dem du auf der Straße begegnest, der Bettler, der die Hand ausstreckt oder der Jugendliche, der dich anrempelt. Ein Lächeln, ein freundliches Wort tun Wunder. Sie sind alle aus dem Mutterschoß hervorgekommen, alle werden zur Erde zurückkehren. Alle haben eine unsterbliche Seele. Hilf ihnen, und sei es nur für einen Augenblick, ihre Seele zu retten.

21. September

«Wer sein Ohr verstopft vor dem Bittruf des Geringen, auch er wird einst rufen, ohne erhört zu werden» (Spr 21,13). Du kannst diese Bittrufe sicher nicht zum Schweigen bringen; aber du kannst wenigstens die eine oder andere Stimme verstummen lassen. Wie? Dadurch dass du den Armen einen Anteil an deinem Einkommen überläßt. Dieser Teil gehört dir nicht. Wenn du ihn für dich ausgibst, bestiehlst du den Armen, dem er gehört. Die Heilige Schrift, Gottes Wort, hat den zehnten Teil des Einkommens als Anteil für die Armen des Tempels festgesetzt. Das ist der Zehnte. **«Da gab Abraham ihm (Melchisedek) den Zehnten von allem»** (Gen 14,20). **«Den Zehnten erheben die Israeliten für den Herrn als Abgabe»** (vgl. Num 18,24). **«Ich gebe den Zehnten von allen meinen Einkünften»** (Lk 18,12). Ich bin glücklich, dass du diese Vorschrift treu befolgst.

22. September

Es kommt vor, dass du den Herrn um ein Zeichen bittest. Schau, wie Jesus sich verhielt, als die Pharisäer **«von ihm ein Zeichen vom Himmel forderten (…). Da seufzte er in seinem Geiste auf und sprach: "Was fordert dieses Geschlecht ein Zeichen! Wahrlich, ich sage euch: Kein Zeichen wird diesem Geschlecht gegeben werden." Und er ließ sie stehen, stieg wieder ein und fuhr ans andere Ufer»** (Mk 8,12). Wieviel Kraft liegt in diesem kurzen Abschnitt! Eine dunkle Kraft, denn Jesus wusste, dass ein Zeichen nur dazu dienen würde, die

Feindseligkeit der Pharisäer noch zu schüren. Der Himmel gibt nur solchen Seelen ein Zeichen, die gewillt sind, dadurch ihren Glauben zu nähren. Lass den Herrn entscheiden, wann es gut ist, dir ein Zeichen zu geben. Je größer dein Glaube ist, desto weniger Zeichen brauchst du. Bist du nicht von einer Menge Zeichen umgeben: der Pracht der Schöpfung, dem Weg der Menschheit zum Licht, der unermüdlich, unwiderstehlich weitergeht trotz aller von den feindlichen Mächten der Finsternis verursachten Bedrohungen und Fehlschläge? Der du die Zeichen der Zeit zu deuten verstehst, deute auch die unzähligen Zeichen ringsum.

23. September

Auch du bist zusammen mit allen Jüngern wie ein Schaf mitten unter die Wölfe gesandt. Jesus bittet dich, **«klug wie die Schlangen und ohne Falsch wie die Tauben»** zu sein (Mt 10,16). Bleibe immer das gehorsame «Schaf», und du wirst ganz selbstverständlich ohne Falsch wie eine Taube sein. Lerne weiterhin, alle Dinge mit Hilfe der Tugend der Klugheit zu durchschauen.

24. September

Ein Jünger soll immer seinen ganzen Stolz dareinsetzen, Christus und die Kraft seines Beispiels zu bezeugen. Du bewunderst zu Recht deinen Freund R., der eine Seele kurz vor ihrem Tod vom Hass auf die Kirche befreit hat. Er hat sie nachdrücklich auf die Notwendigkeit hingewiesen, ihr hasserfülltes Herz zu heilen, bevor sie für immer die Augen in dieser Welt des Jammers schließe, und so war er ein wirksames Werkzeug des Heiligen Geistes. Er hat eine Seele dem Abgrund der Finsternis entrissen. Der Mann hat gebeichtet und ist in Frieden gestorben. R. hat seine ganze Überzeugungskraft und Glaubensglut hineingelegt. Ahme ihn darin nach. Du wirst wie er Wunder herbeiführen.

25. September

Misstraue nicht den Menschen, den Ebenbildern Gottes, sondern misstraue allem Bösen, ja, dem bösen Geist, der in ihnen am Werk ist. Sinne über folgende Worte des Evangeliums nach: «**Während alle aber über das staunten, was er wirkte, sprach er zu seinen Jüngern: "Lasst diese Worte in eure Ohren eindringen: Der Menschensohn wird nämlich in die Hände der Menschen überliefert werden"**» (Lk 9,43-44). Seinem fürchterlichen Gang in den Tod war nur eine Woche zuvor sein sieghafter Einzug in Jerusalem vorausgegangen. Dieselben, die «Hosanna!» gerufen hatten, sollten nun «In den Tod mit ihm!» schreien.

Ja, misstraue dem in einem Menschenherzen tätigen Bösen. Aber liebe diesen Menschen; er besitzt die Kraft, in sich den Keim seiner Gottebenbildlichkeit aufgehen und wachsen zu lassen, der schon bei seiner Empfängnis in ihn gelegt wurde.

26. September

Erhebe den Blick zum Sternenhimmel und betrachte die Erhabenheit, Macht und Schönheit des Schöpfers.

Seine Güte und Freigebigkeit sind grenzenlos. Sie erwirken genau so viel für dich, wie du es wünschst. Seine Großzügigkeit ist grenzenlos. Du kannst so viel von ihr erhalten, wie du willst und erwartest. «**Bitte, und du wirst empfangen**» (vgl. Mt 7,8). Erbitte nur, was für deine Seele, für deinen irdischen Weg zum Herrn Wert hat. Freue dich über die Wunder, die kommen und noch kommen werden! An deiner Seite freue ich mich mit dir.

27. September

Sieh, wie Ijob seinen Glauben bewahrt und sogar gefestigt hat, als durch die Ränke des Teufels die schrecklichen Prüfungen über ihn kamen, die Gott zugelassen hatte, um die unverbrüchliche Treue seines Dieners Ijob erglänzen zu lassen. Sprich in den Prüfungen, die nicht ausbleiben, stets wie Ijob: «**Der Herr hat gegeben, der Herr hat genommen; gepriesen sei der Name des Herrn!**» (Ij 1,21) Dann hat Gott ihn von neuem großzügig be-schenkt, um ihn für seine Treue im Unglück zu belohnen. Er handelt aus einem zärtlichen und barmherzigen Vaterherzen heraus. Verrate dieses Herz nie, in keinem Augenblick, durch Mangel an Glauben.

28. September

Baue zu Jesus eine immer stärkere und liebevollere Vertrauensbeziehung auf. Höre, wie er mit unendlichem Verlangen spricht: «**Siehe, ich stehe vor der Tür und klopfe an. Wenn jemand meine Stimme hört und die Tür aufmacht, so werde ich bei ihm einkehren und Mahl mit ihm halten und er mit mir**» (Off 3,20). Er klopft an deine Tür, dein Gott, dein Erlöser, dein Freund. Öffne ihm schnell und lade ihn zu Tisch. Ihr werdet dort die lieblichsten Augenblick des Lebens verbringen. Lausche zur Tür hin. Und vergiss nicht: Der Arme, der hereinkommt, das verlassene Kind, das du für immer an deinem Tisch aufnimmst, das ist Jesus, der Herr, der Freund deines Herzens. Lasse dein Leben durch diese göttlichen Tatsachen spürbar heller werden. Unter diesen Bedingungen breitet sich das Reich weiter aus.

29. September

Als Eltern wart ihr die ersten, die für die Erziehung eurer Kinder zum Gebet und zum Glauben verantwortlich waren. Für die Erziehung zu den christlichen Tugenden im Allgemeinen. Eure eheliche Gemeinschaft ist auf den Bund und das Wort Gottes gegründet. Aus Erwählung und Gnade liebt ihr Gott. Er wird euch alle Dinge zum Guten gereichen lassen (vgl. Röm 8,28). Bemüht euch, dem Bild des Gottessohnes immer ähnlicher zu werden. Dazu seid ihr bestimmt. Wenn ihr bis zum Ende auf den Ruf des Herrn eingeht, werdet ihr verherrlicht werden. Geheimnis des Menschen und seiner Bestimmung! Das werdet ihr erst im Jenseits verstehen.

30. September

Verhalte dich bis zuletzt, bis zum letzten Atemzug so, dass Jesus die Frage bejahen kann, die er einst betrübt gestellt hat: «**Wird der Menschensohn, wenn er kommt, Glauben finden auf Erden?**» (Lk 18,8) Bewahre den Glauben, dein kostbarstes Gut, so als würde er es verhindern, dass die Welt in Finsternis versinkt. Jeder Christ hat in den Augen des Herrn unendlichen Wert, wenn er seinem Sohn gleicht. Dafür muss man sich laut dem Evangelium klein machen und demütig und sanftmütig werden wie Christus.

Oktober

1. Oktober

«Ihre Säuglinge wird man auf den Hüften tragen und auf den Knien liebkosen» (Jes 66,12). Dieser Abschnitt aus dem Propheten Jesaja hat die Karmelitin Therese von Lisieux — die der Himmel und die Erde heute feiern —, sehr beeindruckt; er ist in ihrem Herzen so kräftig aufgekeimt, dass daraus die wunderbarste geistliche Blume entstand, die in Jahrhunderten gewachsen ist: der «Kleine Weg»[3]. «Nie wurde meine Seele von klangvolleren, zärtlicheren Worten erfreut!», schrieb die «kleine» Therese in ihrer Lebensbeschreibung. Möge sie, die eifrig zu ihrem Schutzengel betete, dich mit mir zusammen auf das morgige große Fest vorbereiten, das die Kirche den Schutzengeln widmet. Morgen ist mein Fest, und da ich dein Gefährte in Ewigkeit bin, auch dein Fest.

---

3. Siehe René Lejeune, *«Der kleine Weg» der Therese von Lisieux, Spiritualität und Novene,* Parvis-Verlag.

2. Oktober

Heute feiern Himmel und Erde die Myriaden von Schutzengeln an der Seite aller Lebenden und Verstorbenen. Es ist unser beider Fest, die wir in Ewigkeit unzertrennlich sind.

Im Eröffnungsgebet der Messe zu den heiligen Schutzengeln bittet die Kirche den Herrn, er gewähre euch «die Wohltat ihres Schutzes und die Freude, für immer in ihrer Gemeinschaft zu leben». Wir stellen allen Menschen, großen und kleinen, reichen und armen, den Adelsbrief aus. Das unterstreicht Jesus, wenn er spricht: **«Sehet zu, dass ihr keines von diesen Kleinen verachtet. Denn ich sage euch, ihre Engel schauen allezeit das Angesicht meines Vaters im Himmel»** (Mt 18,10).

Ich begleite dich weiterhin treu und beschütze dich auf deiner irdischen Pilgerschaft. Du aber beteilige dich von ganzem Herzen an meinem ständigen Lobpreis und vertraue dich mir in Stunden der Angst und der Gefahr an. Ich gehorche voller Liebe den Befehlen des Herrn, der mich beauftragt hat, dich auf all deinen Wegen zu behüten (siehe Ps 91).

Wiederhole an diesem Festtag öfter den Liedvers: **«Preiset den Herrn, ihr Engel des Herrn: Lobet ihn und erhebt ihn in Ewigkeit!»** (Dan 3,58) Und füge hinzu: Mein Schutzengel, preise den Herrn. Und preise mich, der ich dich liebe! So machst du meine Freude, dich zum Frieden und zum Heil zu führen, doppelt so groß.

3. Oktober

Nach dem Fest geht unser Alltag weiter!

Dir sind aus Gnade die Geheimnisse des Reiches offenbart worden; entsprechend Jesu Wunsch hast du dich klein gemacht (vgl. Mt 11,25). Du kannst auf diesem Weg des Evangeliums noch weiterkommen. Im Gottesreich hört der Fortschritt nie auf. Ja, mache Fortschritte in der Sanftmut und Demut, damit du dem Herrn immer ähnlicher wirst.

4. Oktober

Bitte «**den Herrn der Ernte, dass er Arbeiter in seine Ernte sende**» (Lk 10,2), vor allem viele Priester. Ihre ständig abnehmende Zahl ist ein Zeichen, welches die Kirche zu einem von Gott gegebenen Zeitpunkt erklären wird. Sie fürchte sich nicht davor, Neuerungen einzuführen in einer Zeit, in der eine abgestumpfte, seelenlose Gesellschaft aufkommt. Nur die Kirche kann ihr eine Seele einhauchen. Mögen die Jünger sich den Antrieben des Heiligen Geistes weit öffnen! Er möge einer wachsenden Anzahl von Christen jene besondere Ausgießung gewähren, die zum Priestertum führt. Bete eifrig in diesem Anliegen.

5. Oktober

Sinne täglich voller Liebe über das Evangelium nach. Du wirst unweigerlich an bestimmten Tagen ausrufen wie die Menschenmenge, als sie die wunderbare Heilung des an seine Tragbahre gefesselten Gelähmten sah:

«Noch nie haben wir solches gesehen!» (Mk 2,12) Und unter der Eingebung des Heiligen Geistes, der das Verständnis der Schrift erhellt, wirst du oft feststellen: «Noch nie habe ich solches gehört!» Das Evangelium sei dein tägliches Brot. Es weist **«den Weg, die Wahrheit und das Leben»**, Jesus, Gottes Sohn (Joh 14,6).

6. Oktober

Jesus hat durch sein einzigartiges Opfer alle, die von ihm die Heiligkeit empfangen, für immer zur Vollendung geführt (vgl. Hebr 10,14). Der Heilige Geist aber erklärt dir, worin diese Heiligkeit besteht: **«Meine Gesetze will ich ihnen ins Herz legen und in ihren Sinn schreiben, und ihrer Sünden und ihrer Frevel will ich nicht mehr gedenken»** (Hebr 10,16-17). Juble voller Freude, denn vor dir ist das Tor zur Herrlichkeit weit geöffnet, in die Jesus eingegangen ist!

7. Oktober

Wie viele Christen lassen den Herrn immer noch dadurch leiden, dass sie mehr an den Überlieferungen der Alten hängen als an seinen Lehren! Sie gleichen den Pharisäern und Schriftgelehrten, die Gott mit den Lippen ehren, deren Herz von dem Gott der Liebe und des Erbarmens jedoch weit entfernt ist. Er ist unnütz, der Kult, den sie Gott darbringen; die Lehren, die sie verbreiten, sind rein menschliche Vorschriften. Sie lassen Gottes Gebote beiseite, um sich an menschliche Überlieferungen zu halten (vgl. Mk 7,6-8). Bete für die vielen Christen, die sich so an das Brauchtum halten, dass sie darüber Jesu Worte vergessen. Du aber passe dein Herz immer stärker an die vom Evangelium gelehrten Gebote an.

8. Oktober

Hüte dich, der Versuchung zum Hochmut zu erliegen und dir zu sagen, du seist durch den Glauben bereits gerechtfertigt, gehörtest zu den Gerechten und so könne dir nichts mehr zustoßen. Schau, was Salomo getan hat, dessen Weisheit doch «**die Weisheit aller Morgenländer und sogar die Weisheit Ägyptens übertraf**» (1 Kön 5,10). Als er älter wurde und die Weisheit noch hätte zunehmen müssen, da sie grenzenlos ist, begann er, viele fremdländische Frauen zu lieben, die «**sein Herz anderen Göttern zuwandten**» (1 Kön 11,4), er, dem doch der Herr erschienen war!

Hüte dich vor den Versuchungen, die wie der Wolf in eine Schafherde einbrechen können; sie stützen sich auf die Anziehungskraft des Bösen; dieses gehört seit dem Sündenfall im Garten Eden zum menschlichen Erbe. Nur die von der Gnade befruchtete Demut kann dich immer davor bewahren. Bleibe der Eucharistie, dem Gebet und der innigen Vertrautheit mit Gottes Wort treu.

9. Oktober

Das Christenleben ist kein gemächlicher Spaziergang durch einen blühenden Park. Es ist ein Kampf. Der Apostel Paulus erinnert Timotheus daran: «**Verkünde das Wort, sei zur Stelle — gelegen und ungelegen —, decke**

das Böse auf, rede ins Gewissen, ermahne mit aller Geduld und Belehrung» (2 Tim 4,2).

Diese Anweisungen des Apostels gelten auch für die heutige Zeit, so wie sie oft im Lauf der Jahrhunderte gegolten haben. In der Zeit, in der du lebst, bewahrheitet sich die Weissagung des Apostels ein weiteres Mal: **«Denn es wird eine Zeit kommen, in der die Menschen die gesunde Lehre nicht ertragen mögen, sondern nach ihrem eigenen Gelüste sich Lehre über Lehre zusammensuchen, weil sie nach Ohrenkitzel verlangen»** (2 Tim 4,3-4).

Kämpfe den guten Kampf bis zum letzten Atemzug, dann wirst du als Zusammenfassung deines Lebens die Worte des Apostels wiederholen können: **«Ich habe den guten Kampf gekämpft, ich habe den Lauf vollendet, ich habe den Glauben bewahrt. Nun liegt für mich der Siegeskranz der Gerechtigkeit bereit»** (2 Tim 4,7-8). Und dieser wird alle deine Vorstellungen übertreffen.

10. Oktober

Jesus hat sich bei den Fragen der gegenseitigen Anziehungskraft zwischen Mann und Frau und ihren Verirrungen nicht aufgehalten, er hat Marksteine für die Grenzen gesetzt, die nicht überschritten werden dürfen. So sprach er: **«Ihr habt gehört, dass gesagt ist: "Du sollst nicht ehebrechen." Ich aber sage euch: Jeder, der eine Frau begehrlich anblickt, hat in seinem Herzen schon die Ehe mit ihr gebrochen»** (Mt 5,27). Die christliche Sittenlehre ist anspruchsvoll. Die Liebe zwischen den Eheleuten bewahrt sie vor jedem Versagen; denn durch diese von einem Sakrament gesegnete Liebe wirkt die Gnade.

11. Oktober

Lasse deine Taten stets mit deinen Worten übereinstimmen. Fürchte, von Jesus hören zu müssen: «**Was aber nennt ihr mich: "Herr, Herr", tut aber nicht, was ich euch sage?**» (Lk 6,46) Wenn du so handelst, säst du Wind. Deine Pflicht ist, Frucht für das ewige Leben zu bringen. Sie wird umso reicher ausfallen, je weiter du in der Nachfolge Jesu vorankommst und treu in seiner Schule der Sanftmut und Demut aushältst (vgl. Mt 1,29).

12. Oktober

Du trägst das «**Siegel des Heiligen Geistes**» in dir (vgl. Eph 4,30). Immer wenn du dich vom Zorn hinreißen lässt, betrübst du ihn. Das stößt dir jetzt zwar seltener zu, überrumpelt dich aber immer noch von Zeit zu Zeit. Du zählst zu «**Gottes geliebten Kindern**» (Eph 5,1). Darum versuche Jesus nachzuahmen, der so voller Großmut und Güte ist. Dazu genügt es, «**in der Liebe (zu leben) wie Christus**» (Eph 5,2). In der Liebe, so wie sie von dem Apostel beschrieben wird (vgl. 1 Kor 13). Am Tag, an dem es dir glückt, so nach der Liebe zu leben, wirst du auf den Höhepunkt des christlichen Lebens gelangen. Du kommst Schritt für Schritt dahin, mühevoll wie ein Bergsteiger zum Gipfel.

13. Oktober

Lies täglich Worte der Heiligen Schrift. Begnüge dich nicht mit dem Lesen. Sie mögen dich dazu bringen, über sie nachzusinnen und sie zu betrachten. Dann nimm sie ins Herz, wie man Gold in einer Schatztruhe birgt. Und benutze sie, um deinen Weg zu erleuchten, so wie man mit dem Licht einer Lampe leuchtet. Das Wort des Herrn ist eine Stimme, die sich an dein Herz richtet. Eine innige, persönliche Stimme; sie gehört Jesus, der dich zu seinen Freunden zählt (vgl. Joh 15,14). Es ist mein Ruhm, dass ich der Hüter eines Freundes von Jesus bin.

14. Oktober

Sobald du die Freude und den inneren Frieden verlierst, mache dich auf einen Angriff des Feindes gefasst. Die Mächte des Bösen umgeben und belauern dich. Sie warten darauf, in dein Herz einzudringen. Jesu Friede und Freude beschützen dich wie eine unbezwingliche Festung. Wenn du spürst, dass sie dich verlassen, schicke einen Ruf zu Jesus empor. Flehe ihn an, er möge sie dir wiedergeben; bestürme den Himmel mit deinen Notrufen, und du bekommst den Frieden und die Freude wieder. Du allein öffnest den Mächten der Finsternis die Türen. Der Herr bemüht sich, dich durch die Gabe seines Friedens und der Freude davor zu bewahren. Daran denke, wenn dich Mutlosigkeit oder Zweifel beschleichen.

15. Oktober

Sprich oft wie die heilige Teresa von Avila, deren Fest wir heute feiern: «Ich bin ein Sohn der Kirche.» Mit ihr kannst du lernen, im Gebet und auf dem Weg zur christlichen Vollkommenheit Fortschritte zu machen. «Die Liebe ist nie untätig», hat sie gesagt. Sie tat ihren letzten Atemzug mit den leisen Worten: «Ich bin eine Tochter der Kirche.»

Gehe eine Weile an ihrer Seite und lasse dich von ihrem Werk anregen. Am Ende wirst du daran gewachsen sein. Sie wird dich bis zur siebten Wohnung der inneren Burg geleiten.

16. Oktober

In dem Maß wie dein «Ich» kleiner wird, kommst du auf dem Weg zur Heiligkeit und zum Glück voran. Das ist nur mit der Gnade des Herrn möglich. Lebe in seiner Gegenwart und sinne über seine Worte nach. Fühle dich bei der Anbetung und bei seiner Betrachtung wohl. So kannst du ihn in den unzähligen Beleidigungen trösten, die ihn immer noch verwunden und ihn über die Menschheit weinen lassen, wie er über Jerusalem geweint hat (vgl. Lk 19,41). Ja, tröste Jesus Christus. Solch eine unglaubliche Macht hast du.

17. Oktober

Komme dem leisesten Rühren des Zweifels und der Furcht in dir auf die Spur. Sobald du es wahrnimmst, halte mit allem inne, nimm Zuflucht zur Liebe des

Herrn und rufe ihn zu Hilfe. Sei beharrlich im Rufen. Ruhe dich in ihm aus, bis seine Freude und sein Friede zurückkommen.

Mache immer häufiger eine Ruhepause im Herrn. In solchen Augenblicken inniger Vertrautheit mit ihm wirkt er zu deinem Heil und lässt dir **«alles zum Guten geraten»** (vgl. Röm 8,28). Er braucht deine Liebe nötiger als deine Taten. Diese sind immer in Gefahr, in Geschäftigkeit auszuarten. Lebe in der Zärtlichkeit des Herrn. Dann schöpfst du die nötige Kraft, um sein Reich durch Taten für die Brüder auszubauen. Sorge für ein Gleichgewicht zwischen den beiden Seiten der Liebe, der erholsamen und der tätigen.

18. Oktober

Dies ist der Gipfel des Evangeliums, der göttlichen Liebe: **«Euch, die ihr hört, sage ich: Liebet eure Feinde, tut Gutes denen, die euch hassen. Segnet die, welche euch fluchen, und betet für die, welche euch verleumden. (…) Jedem, der dich bittet, gib; und von dem, der dir das Deine nimmt, fordere es nicht zurück. Und wie ihr wollt, dass euch die Leute tun, so sollt auch ihr ihnen tun»** (Lk 6,27-31).

Jesus bittet dich scheinbar um Unmögliches. Wenn du den Gipfel eines hohen Berges betrachtest, sagst du dir, ein Aufstieg sei unmöglich. Dennoch nimmt der Bergsteiger die Herausforderung durch das Unmögliche an. Und er kommt ans Ziel.

Genau so ist es mit dem steilen Gipfel des Evangeliums. Dort anzukommen ist eine Herausforderung. Mit Hilfe der Gnade gelangst du hinauf. Du bist beim Aufstieg auf die Gipfel des Evangeliums nie allein. Du hast zwei Begleiter: die Gnade, die wie ein Motor wirkt, und mich, deinen Begleiter in Ewigkeit, der an deiner Seite betet. Mache mutig den Aufstieg auf den Gipfel des Evangeliums, in deinem Rhythmus, gleichmäßig Schritt für Schritt.

19. Oktober

Du hast die Neigung, zu verständnisvoll zu sein. Milde schließt Kraft und Strenge aber nicht aus. Der Herr bittet euch um brüderliche Zurechtweisung (Mt 18,15-17). Du vermeidest sie oft. Habe den Mut, sie unnachgiebig anzuwenden und dabei trotzdem sanftmütig und demütig zu bleiben. Christen müssen sich gegenseitig anregen; sie mögen die körperliche Gesundheit stärken; aber die seelische Gesundheit ist noch viel wichtiger. Der Herr will, dass seine Jünger untereinander eine herzliche und belebende Gemeinschaft bilden.

20. Oktober

Du lebst in der Welt; als Jünger hast du die schwere Aufgabe, für sie zugleich Salz, Licht und Sauerteig zu sein. Frage dich oft, was das im Einzelfall bedeutet. Dein Einsatz findet wirklich statt; genügt er für eine so unentbehrliche Aufgabe, wo so viele Herzen und Hände fehlen? Bitte den Heiligen Geist unaufhörlich, dich zu führen und dich die dringlichste Aufgabe erkennen zu lassen. Bewundere an deinem Freund R. dessen bemerkenswerte Wirksamkeit als Werkzeug. Der Herr hat dich zum «Werkzeug des Friedens» bestellt; möge jeder deiner Schritte, jede deiner Taten die Genauigkeit und Wirksamkeit eines Handwerkers besitzen, dessen Hand vom Herzen geführt wird wie bei R.. Gottes Reich kommt mit der Anzahl und Geschicklichkeit seiner von der Liebe geleiteten Werkleute voran.

21. Oktober

Jesus hat die Natur lange beobachtet. Daraus bezieht er einen Teil seiner Unterweisungen, sie liefert ihm Beispiele und Gleichnisse.

Ahme ihn nach und beobachte, was in deinem Garten vor sich geht. Wenn du den Boden im Frühjahr gut vorbereitet hast, säst du. Die Saat geht auf, dank der Kraft, die der Schöpfer hineingelegt hat. Zur selben Zeit geht heimlich auch das Unkraut auf. Du wartest, bis es groß genug ist, um es auszureißen, aus Angst, mit ihnen auch die jungen Triebe auszureißen. Wenn du zu diesem Zeitpunkt nicht handelst, wird das Unkraut den für das Leben vorgesehenen Raum langsam und heimtückisch erobern. Schließlich wird das Leben von ihm erstickt.

So ist es auch mit den Sünden und Verfehlungen, dem Unkraut der Seele. Wenn du es nicht rechtzeitig ausreißt, dringt es heimtückisch weiter vor, erobert den inneren Raum und erstickt zunehmend die Tugenden des Glaubens, der Hoffnung und der Liebe. Dann verlässt man das Reich und hängt der Welt an. Der Unglückliche hat die lebendige Nahrung gegen tote Werke eingetauscht, das Licht gegen die Finsternis. Er hat das «**Licht der Welt**» verraten um des «**Vaters der Lüge**» willen, der die «**Macht der Finsternis**» besitzt (Lk 22,53).

22. Oktober

«**Abba!**» Sprich diesen heiligen Namen mit unendlicher Ehrfurcht und unendlicher Liebe aus. Gott ist unser Vater. Er ist unser «Abba», unser Papa. Ach, wenn du nur einen schwachen Lichtstrahl von ihm erblicktest, würdest du unermessliche Zärtlichkeit für ihn empfinden. Du wärest in einem einzigen Augenblick für immer rein. Beobachte den Sohn Jesus, wenn er betet: Er verneigt sich vor der Erhabenheit seines Vaters. Er betet eindringlich, ganze Nächte hindurch. Bitte Gott um die Gnade, Jesus in seinem Beten nachzuahmen, und darum, nur noch für Abba und ihn zu leben, zu denken, zu reden und zu handeln. «**Die Lehre, die ihr gehört habt, ist nicht von mir, sondern vom Vater, der mich gesandt hat**» (vgl. Joh 14,24). Möge der Herr in deinem Herzen die unerschütterliche Überzeugung verankern, dass du einzig und allein vom Vater in Jesus abhängig bist. Alles kommt von ihm, durch den einzigen Sohn.

23. Oktober

Mögen deine Taten von Gottes Weisheit angeregt werden. Dann wird dein Leben beispielhaft sein. Denn es wird aus Redlichkeit, Frieden, Duldsamkeit und Verständnis bestehen; es besteht schon aus Barmherzigkeit und Großmut. Dagegen ist die Weisheit der Welt «**von**

Gott als Torheit erwiesen» (1 Kor 1,20). Sie ist das Werk der **«Wortfechter dieser Welt»** (1 Kor 1,20), die Vergängliches hervorbringen. Ihre Weisheit reicht nicht weit, ist anfechtbar und unsicher. Die Erzeuger menschlicher Weisheit drängen sich in rascher Folge an die Spitze.

Der wahre Weise tut, was Gott gefällt. Die Weisheit wird ihm vom Evangelium vermittelt; sie spiegelt Gottes Weisheit wider. Überlasse dich ihr. Was in dir noch von dem fleischlichen Menschen übrig ist, wird endgültig beseitigt. Am Ende wohnt ungeteilt Christus in dir.

24. Oktober

Sprich weniger. Höre länger zu. Jesus will Jünger, die zuhören; sie brauchen sich nur von seinem Saft durchströmen zu lassen, um Früchte zu bringen. Er ist der Weinstock, du bist daran ein Rebzweig. Der geliebte Vater ist der Winzer. Gottes Familie schöpft ihr Wasser an derselben Quelle. Es strömt aus Abbas Herzen und nimmt seinen Weg durch Jesus, der es unter den Jüngern verteilt. Dieses Wasser versiegt nie. Es verwandelt sich in Lebenssaft. Schöpfe es nach Belieben. Es verwandelt sich in dir in Freude.

25. Oktober

Säe heute bei deinen Begegnungen in die Herzen die in dir wohnende Freude und den Frieden. Sie gehören dir nicht. Sie sind dir umsonst gegeben. Verteile sie großzügig um dich herum. Ein freundliches kleines Wort, ein Lächeln, Anteilnahme an einem Leiden, Zeichen von Liebe. Möge jeder von dir einen Tropfen des

Lebenssaftes erhalten, den der Weinstock unaufhörlich in dir verbreitet. Teile mit deinem Nächsten die Schätze, die dir anvertraut sind, um mit vollen Händen daraus zu schöpfen. Je mehr du gibst, desto mehr empfängst du. Das ist das Gesetz des Gottesreiches.

26. Oktober

Inständiges Bitten rührt schließlich immer an Gottes Herz.

Sieh das besessene Kind, aus dem die Jünger den bösen Geist nicht auszutreiben vermochten. Lies erneut den erschütternden Abschnitt im Evangelium (Mk 9,14-29). Jesus ist ungehalten über den Glaubensmangel seiner Jünger. Das Gebet nährt den Glauben und dieser nährt den Geist des Gebets. Das ist eine wunderbare Wechselwirkung. Ein glühendes Glaubensgebet, genährt von der innigen Vertrautheit mit Jesus, überwindet alle Hindernisse und macht die Fallen unschädlich, die die Mächte der Finsternis aufgestellt haben. Du hast das Gebet, das vor Gott angenehm ist, noch nicht ausreichend erlernt.

27. Oktober

«Fürchte dich nicht. Ich bin dein Schild. Dein Lohn soll groß sein», sagt der Herr zu Abraham (Gen 15,1). Diese Verheißung am Beginn des großen Glaubensabenteuers wird in der ganzen Geschichte der Gläubigen immer wieder wahr. Du hast gegen die Angriffe der Feinde einen Schild, der dich unbesiegbar macht; während des Kampfes erblickst du schon einen unvergleichlichen Lohn: die Liebe Gottes, des Urhebers von Frieden und Freude.

Und du bist aller Furcht enthoben, außer der Furcht des Herrn, deines Schöpfers und Verbündeten.

28. Oktober

Jeden Tag öffnen sich zwei Türen vor dir, eine zu einem breiten und bequemen Weg und eine andere, enge, die auf einen steilen, schmalen Weg führt. Die erste «führt ins Verderben», die zweite ins Leben. Du gehörst zu den wenigen, die auf letzterem gehen. Gehe jeden Morgen aufs Neue durch die enge Tür zum Leben und zum ewigen Glück in meiner freudetrahlenden Begleitung. In der Freude Christi, an der wir voll und ganz teilhaben.

29. Oktober

Die Welt gleicht einem von dürren Gebeinen übersäten Tal, wie es der Prophet Ezechiel geschaut hat (Ez 37,1-14).

Die Jünger haben den Auftrag zu beten und zu handeln, damit der Geist in die Gebeine zurückkehrt und sie mit Fleisch bekleidet. Wenn genügend Menschen da sind, die beten und die Gute Nachricht verbreiten und in der Welt danach leben, kann sich in der Welt der dürren Gebeine, diesem Tränental, ein «neues Heer» erheben. Nimm unermüdlich an diesem Kreuzzug des Gebets, des Beispiels und der Tat teil.

30. Oktober

Er ist für dich unsichtbar, **«der selige und alleinige Herrscher, (...) der allein unsterblich ist, der in unzu-**

gänglichem Lichte wohnt, den kein Mensch gesehen hat noch zu sehen vermag» (1 Tim 6,15-16).

Du kannst an ihn nur glauben. Dein Glaube ist deine einzige Stütze, die Gnade ist sein innerer Halt. Doch wenn der Glaube zur Fülle gelangt, wird er offenbar. Du hast dieses Maß an geistigem Wachstum erreicht. Aus Gnade, nicht aus Verdienst. Teile in der Fülle des Glaubens großzügig, wovon dein Herz überfließt. Gib und gib, höre nicht auf zu geben. Was du da teilst, ist die Liebe des Herrn.

31. Oktober

Vergiss nicht, die Gegenwart des Herrn in dir ist das wunderbare Zeichen seiner Vergebung. Du hast im Lauf deines Lebens so oft verdient, deinem Schicksal überlassen zu werden. Erinnerst du dich daran? Ich habe neben dir geweint. Jesus hat dich unaufhörlich am Rand des Abgrunds festgehalten, dank seiner unendlichen Liebe, die ihn sein Blut bis auf den letzten Tropfen vergießen ließ, und auch dank der Fürbitte auserwählter Seelen.

Tue dasselbe nun für andere Seelen, die dir anvertraut sind. Du bist keine einsame Insel in einem Tränenmeer, du gehörst zu der großen Gemeinschaft der Heiligen. Der Herr beteiligt euch alle an seinem Heilswerk für die Menschheit. **«Viele sind berufen, wenige aber auserwählt»** (Mt 22,14). Die Erwählung ergibt sich daraus, dass man einem an alle ergangenen Ruf frei zustimmt.

November

1. November

Heute ist Allerheiligen. Das Fest aller Menschen, denen Gott seine einzigartige Heiligkeit eingehaucht hat. Und auch das Fest all derer, die diese göttliche Heiligkeit hier auf Erden widerspiegeln. Es sind viel mehr, als du denkst. Die übrigen sind auf Gedeih und Verderb der unendlichen Liebe und Barmherzigkeit Gottes ausgeliefert. Das Werk des Schöpfers ist ein glänzender Erfolg, trotz der feindlichen Mächte, die sich ihm entgegenwerfen.

Möge Freude dein Herz erfüllen, so wie ich heute ganz besonders froh bin! Der Himmel lebt eng verbunden mit der von lauter Ebenbildern Gottes bevölkerten Erde, so wie die Erde mit ihren Gläubigen voller Begeisterung in der allumfassenden göttlichen Gemeinschaft lebt!

2. November

Die Toten sind nicht tot, sie leben im Schoß des göttlichen Lebens. Sie sind glücklich, gleich ob sie sich noch im Zustand der Reinigung oder schon ganz in der ewigen Glückseligkeit befinden, ob sie noch auf die Anschauung Gottes warten oder sie bereits genießen, diese wonnevolle Schau von Angesicht zu Angesicht, die auszudrücken weder menschliche Worte noch menschliches Begreifen imstande sind. Nicht traurig soll dieser Tag begangen werden, sondern fröhlich. Welch ein Glück ist der christliche Glaube angesichts des Todes!

Freue dich mit dem Mann und der Frau, die dir das Leben geschenkt haben, mit allen, die dir lieb sind, und den Bekannten, die die Schwelle des irdischen Lebens überschritten haben, mit all den Seelen, die schon «**die Krone der Schönheit aus der Hand des Herrn**» empfangen haben (Weish 5,16). Ihr Glück entzieht sich jedem Vergleich mit dem, das sie auf Erden gekannt haben.

3. November

Deine Seele ist ein «Königsgarten». Der Herr, der König der Könige, kommt und ruht sich darin aus, wenn sich die Liebe in vollkommenen Wohlklängen zu ihm aufschwingt. Mache diesen Garten schön, schmücke ihn mit den schönsten Blumen, um das Herz deines Königs zu erfreuen. Tröste ihn in seiner Traurigkeit über so viele verwüstete Gärten, in denen er einstmals köstliche Augenblicke verbringen konnte. Möge dein Inneres für immer ein wunderbarer Garten des Königs sein. Lädt der Herr dich nicht dazu ein, von dir selbst auszurufen: «**So wunderbar bin ich geschaffen!**» (vgl. Ps 139,14). Ein Wunder aus Gnade. Aber auch als eine

Aufgabe für dich: dem König der Könige einen Garten zu bieten, in dem er sich ausruhen kann.

4. November

In der Eucharistiefeier empfängst du allmorgendlich das Manna vom Himmel, «**das Brot der Engel, das jeglichen Genuss gewährt**» (vgl. Weish 16,20). So wie das durch die Wüste irrende Volk ihm sein Überleben verdankt, gibt das «Brot Gottes», das ebenfalls vom Himmel herabkommt, der ganzen Welt, und nicht nur dem auserwählten Volk (vgl. Joh 32,33) das Leben. Möge die Eucharistie ebenso unentbehrlich für dich sein wie das Manna der Wüste für Israel auf dem Weg ins Gelobte Land. Diese «**geistige Nahrung**» (1 Kor 10,3) sichert dir das ewige Leben.

5. November

Segne immer, verfluche nie. Wie willst du denn wissen, ob eine Verfluchung gerechtfertigt ist? Gott allein erforscht Herz und Nieren. Mögen die verfluchen, die von der Welt sind. Ihre ungerechtfertigte Verfluchung ist vergeblich; sie fliegt wie ein Sperling davon. «**Mögen sie fluchen, du aber segne**» (Ps 109,28). «**Segnet, die euch fluchen**» (Lk 6,28).

6. November

Ein Menschenleben spielt sich in dem Zeitraum ab, der jedem gegeben ist, um zu reifen. «**Alles hat eine Stunde, und eine Zeit ist bestimmt für jedes Vorhaben unter dem Himmel: Eine Zeit fürs Geborenwerden,**

und eine Zeit fürs Sterben» (Koh 3,1-2). Du bist deinem Tod näher als deiner Geburt. Noch immer lebst du in der Zeit des Reifens. Du hast das Alter der Weisheit erreicht. Diese zeigt sich darin, dass du schneller reifst. Preise unaufhörlich den Herrn, der dich befreit; er ist dein Schutzschild. Er wird dich durch sein Licht in die Wahrheit geleiten. Er wird dich in seine Wohnstatt führen. Er wird dich das wahre Maß deiner Tage lehren. Er sättigt dich am Morgen mit seiner Liebe und lässt dich die Tage in seiner Freude verbringen. Das ist der Lohn des Getreuen schon in dieser Zeit.

7. November

Lerne die Zeit, in der du lebst, zu beurteilen. Es ist eine Zeit des technischen und sittlichen Umbruchs. Diese Zeit braucht prophetische Stimmen. Schließe dich nicht in die Hürden der kleinen, treuen Herde ein. Bemühe dich, das Evangelium mitten in der Welt zu verkörpern. Die Umwälzungen dieser Zeit können die Werte des Evangeliums nur untergraben, wenn die Christen sich fern halten. Fürchte dich nicht, im Schutz der göttlichen Gnade ins Auge des Wirbelsturms vorzudringen. Rufe die Gute Nachricht von Jesus Christus laut in alle Himmelsrichtungen hinaus. Du bist nicht allein, ich begleite dich in den Stürmen, wie ich dich in der geruhsamen Stille behüte, in der du üblicherweise lebst.

8. November

Immer wenn sich der Christ gegenüber der Botschaft des Evangeliums gleichgültig verhält, betreibt er seine eigene Niederlage und beschleunigt sie sogar. Verweise solche Gefährdungen aus deinem Herzen. Richte deine Aufmerksamkeit täglich auf das Wort des Lebens, das dir Frieden bietet. Lerne auf die wichtigen Augenblicke zu achten, in denen der himmlische Vater mit Christus Wohnung in dir nimmt. Du bist so klein und kannst den Wert dieser geheimnisvollen Bevorzugung nicht richtig abschätzen. So lebe wenigsten entsprechend diesem Vorzug, ein Kind Gottes zu sein. Bereite Ihm eine Wohnstatt, in der Er sich wohlfühlt.

9. November

Du zählst auf die Freundschaft des Herrn. Wisse, dass er auch auf die deine zählt; er will wissen, wohin er sich wenden kann, um Liebe zu finden. So wie du selbst nach Liebe dürstest, voller Sehnsucht danach, geliebt und verstanden zu werden, so zählt auch Jesus auf seine Freunde, ja, er zählt die Freunde, bei denen er seinen unendlichen Durst nach Jüngern stillen kann, die ihn anbeten, ehren, lieben und die ihm in der Freiheit gehorchen, die allein die Anbetung und den Gehorsam wertvoll macht.

10. November

Wenn du eine schwere Sünde begehst, leugnest du Jesus, den Sohn Gottes. Die früheren Verleugnungen sind vergeben, ungeachtet wie schwer sie waren. Schau Petrus an; er hatte bei Cäsarea Philippi die Gottessohnschaft Jesu erkannt: «**Du bist Christus, der Sohn des lebendigen Gottes**» (Mt 16,16); er hatte der Verklärung Jesu beigewohnt und eine Stimme aus der lichten Wolke sagen hören: «**Dieser ist mein geliebter Sohn, an dem ich Wohlgefallen habe; ihn sollt ihr hören**» (Mt 17,5) und dennoch verleugnete Petrus Jesus dreimal, als dieser vor dem Hohen Rat stand, der ihn zum Tode verurteilen sollte: «**Ich kenne diesen Menschen nicht**» (Mt 26,72), das sagte er, den Jesus kurz zuvor an die Spitze der Kirche gestellt hatte mit den Worten: «**Du bist Petrus und auf diesen Felsen will ich meine Kirche bauen (...). Ich will dir die Schlüssel des Himmelreiches geben**» (Mt 16,18-19). Könnte eine Verfehlung schwerer sein als die Verleugnung des Petrus? Trotzdem vergab Jesus ihm. Es ist wahr, nach der dreimaligen Verleugnung ging Petrus hinaus «**und weinte bitterlich**» (Mt 26,75).

Die göttliche Vergebung löscht jede Verfehlung aus, auch die schwerste. Es genügt, dass der Sünder sie bitter bereut. Wunder des Evangeliums, das nach dem Fall jeden reuigen Sünder in der Würde eines neuen Menschen wiederaufrichtet! Denke nicht mehr an die vergangenen, bereuten und gebeichteten Sünden; die Erinnerung daran ist in Gottes Herzen gelöscht. Denke an Jesu Haltung gegenüber Petrus, nachdem er bitterlich geweint hatte. Gottes Barmherzigkeit hat kein Ende.

11. November

Werde jeden Tag wieder ganz klein. Vor allem zähle dich nicht zu den «**Weisen**» und «**Klugen**» dieser Welt; ihre Namen sind nicht «**im Himmel eingeschrieben**» (vgl. Lk 10,20-22). Nur in Jesu Schule lernt man, klein zu werden und «**sanftmütig und von Herzen demütig**» wie er (Mt 11,29). Und das ist man nie genug.

12. November

Es gibt Wesen, die sich ganz und gar dem Bösen verschrieben haben. Schau den Hass der Herodias auf Johannes den Täufer an. Sie erlangt von Herodes Antipas die Einkerkerung des Vorläufers Jesu, dann seine Hinrichtung. Johannes hatte ihre anstößige Verbindung mit dem Herrscher öffentlich angeprangert. Ihre Machenschaften führen dann dazu, dass Herodes Antipas in Ungnade fällt und in die Verbannung geschickt wird, die sie mit ihm teilen sollte.

Das Böse, das diese Menschen verüben, bringt sie schließlich immer selbst zu Fall. «**Die das Böse verübt haben, (kommen) zur Auferstehung zum Gericht**» (Joh 5,29). Wenn du einem von ihnen begegnest, mache ihn sanft und nachdrücklich darauf aufmerksam.

13. November

«**Seid schnell zum Hören, langsam zum Reden, langsam zum Zorn**» (Jak 1,19). Das ist ein dringender Rat, den du auf die Tafel deines Herzen schreiben musst. Wie weit bist du noch von dieser Weisheit des Evangeliums entfernt!

14. November

Wie schwer fällt es einem Christen, das unermessliche Glück abzuschätzen, das in dem Glauben an Jesus liegt. Bist du selbst imstande, dieses Glück wahrzunehmen und zu durchdringen? Du bist vom Vater gezogen worden, um zu Jesus zu kommen (vgl. Joh 6,44). So lebst du im Herzen des Vaters im Himmel. Er hat dich Jesus anvertraut und du nährst dich vom «**Brot des Lebens**» (Joh 6,35). Und dies ist dein Lohn: «**Das ist der Wille meines Vaters, dass jeder, der den Sohn sieht und an ihn glaubt, ewiges Leben habe**» (Joh 6,40). Dieses ganze Glück wird dir in Ewigkeit geschenkt, weil du «auserwählt» bist. «**Nicht ihr habt mich erwählt, sondern ich habe euch erwählt**» (Joh 15,16). Diese göttliche Erwählung erlegt dir eine liebliche Verpflichtung auf: «**Dass ihr hingeht und Frucht bringt und eure Frucht bleibe, damit, was immer ihr vom Vater in meinem Namen erbittet, er euch gebe**» (Joh 15,16). Diese Worte, die Jesus in seinem letzten Gespräch zu den Jüngern sagte, spricht er zu allen seinen Jüngern im Lauf der Jahrhunderte. Es genügt, ihn zu lieben und seine Gebote zu halten.

15. November

In dir wohnt der Heilige Geist. Dein Leib ist sein Tempel. Seine Stimme ist in dir zu vernehmen; sie führt dich zum Guten und wendet dich vom Bösen ab: Das ist das von Gott eingegebene Gewissen.

Hilf den Menschen mit einem irrigen sittlichen Gewissen, es mit einem stets untrüglichen Licht, dem Wort Gottes, zu erleuchten. Selig der Mensch, der ein redliches Gewissen besitzt, das im Licht des göttlichen Gesetzes geformt wurde! Teile diesen Schatz mit denen, die ihn entbehren.

16. November

Sinne darüber nach, wie Gott dem Abraham in der heißesten Stunde des Tages bei den Eichen von Mamre erschienen ist (Gen 18,1-5). Abraham sieht drei Männer, er läuft ihnen entgegen und spricht sie in der Einzahl an: **«Mein Herr, wenn ich in deinen Augen Gnade gefunden habe, dann gehe an deinem Knecht nicht vorüber»** (Gen 18,3).

Dann sinne über die Erschaffung der Welt nach, wie sie in Genesis 1, 1-31 berichtet wird. **«Im Anfang schuf Gott den Himmel und die Erde (...) und der Geist Gottes schwebte über den Wassern»** (Gen 1,1-2). Als Gott den Menschen nach seinem Bilde schuf, sprach er: **«Lasst uns den Menschen machen nach unserem Bilde, uns ähnlich»** (Gen 1,26). Gott spricht in der Mehrzahl. Und er schuf den Mann und die Frau.

Bei der Erschaffung der Welt, über die die Bibel auf der ersten Seite berichtet, und in dem Abschnitt über die drei Männer bei den Eichen von Mamre offenbart sich der dreifaltige Gott. Der Mensch ist nach seinem «Bild» geschaffen; da Gott Liebe ist, wird der Keim der Liebe in den Menschen gelegt. Dann ist es an ihm, diesen wachsen zu lassen, in der Freiheit, selbst Liebe zu werden oder sie zu verweigern. Der Mensch ist nach Gottes «Gleichnis» geschaffen, er ist Mann oder Frau mit dem Vorrecht, mit Gott zusammen weitere Ebenbilder Gottes zu erschaffen. Der dreifaltige Gott bildet eine «Familie». Der nach seinem Gleichnis geschaffene Mensch gründet eine Familie, wenn dies sein Wille ist.

Du besitzt diese «**Ähnlichkeit**» mit deiner Frau zusammen in hohem Maße. Nun musst du noch in sein Bild hin wachsen. Sinne immer über 1 Korinther 13 nach, wo der einzige Weg eines solchen inneren Wachstums aufgezeigt wird.

17. November

Immer wenn du auf deiner Seele Aussatzflecken entdeckst, sprich wie der Aussätzige, der zu Jesus kam, als dieser vom Berg herabstieg: «**Herr, wenn du willst, kannst du mich rein machen**» (Mt 8,2). Sofern dein Herz von Bedauern erfüllt ist, sei sicher, dass Jesus dir auf deine Bitte antwortet: «**Ich will, sei rein!**» (Mt 8,3)

Die Sünde hinterlässt einen Aussatzflecken auf der Seele. Lasse deine Seele nicht von solchen teuflischen Flecken einnehmen. Immer wenn sie befleckt ist, und sei es von einem winzigen Flecken, bitte die Kirche um das wunderbare Sakrament der Versöhnung, das Sakrament der Vergebung. Es wird dich so leicht wie ein Vogel in einem Luftstrom machen. Und überfließen lassen vor Freude.

18. November

Erfülle treu den Willen des Herrn. Die Heilige Schrift und dein Gewissen, das der in dir wohnende Heilige Geist geformt hat, werden dich immer zu Gottes Willen leiten. Kümmere dich nicht im Geringsten um das, was die Leute meinen. Entsprechend hat auch Jesus gelebt. So sagte der Herr zu der Menschenmenge, als er in das Haus des Hauptmanns kam, der ihn um die Wiedererweckung seiner Tochter angefleht hatte: **«Geht weg, das Mädchen ist nicht tot, sondern schläft»** (Mt 9,24). Jesus lässt die Menschen hinausgehen und weckt die Tote auf. So tue auch du die Werke Gottes, und nicht deine, selbst wenn diese Gott gewidmet sind.

19. November

Besinge wie der Prophet Micha Gottes erhabene Güte: **«Wer ist ein Gott wie du, der Schuld verzeiht** (...), **in die Tiefe des Meeres wirfst du alle unsere Sünden»** (vgl. Mi 7,18-19). Ja, Gott **«liebt es, barmherzig zu sein»** (Mi 7,19). Die Sünden kommen nie wieder vom Meeresgrund herauf. Sie sind versenkt, ausgelöscht und vergessen. Das ist gemeint, wenn es heißt, der Herr ist gütig, langsam zum Zorn und reich an Gnade. Er ist wohlwollend und barmherzig (vgl. Ps 145,8-9). Wie sollte man da den Herrn nicht von ganzem Herzen lieben! Und Tag und Nacht für ihn und in ihm leben.

20. November

Unzählige Christen werden überall auf der Welt verfolgt und daran gehindert, offen ihrem Glauben gemäß zu leben. Gedenke ihrer täglich in deinem Gebet. Bringe Opfer für sie. Auf diese Weise werden ihre Leiden durch die Gnade erleichtert, die machtvoll durch den Leib Christi, die Gemeinschaft der Heiligen, fließt.

21. November

Du kannst Jesus nur mit den inneren Augen des Glaubens verstehen und in ihm jenseits der menschlichen

Erscheinung Gottes Sohn erblicken. Schau dir die Schar der Juden an, die sich furchtbar über Jesus ärgerten, als er sagte: «**Ich bin das Brot, das vom Himmel herabgekommen ist**» (Joh 6,41). Diese Galiläer sprachen untereinander: «**Ist der da nicht Jesus, der Sohn des Joseph, dessen Vater und Mutter wir kennen. Wie kann er jetzt behaupten: Ich bin vom Himmel herabgekommen?**» (Joh 6,42) Die Apostel und die Jünger nahmen diese Aussagen wörtlich. Sie sahen Jesus mit den inneren Augen des Glaubens. Mache es unbedingt immer genauso, der du zu seinen Jüngern gehörst. Besonders wenn du sein Fleisch isst.

22. November

Der Apostel Paulus fordert dich auf, im Wettkampf dieses Lebens so zu laufen, dass du den Siegespreis davonträgst (vgl. 1 Kor 9,24-27). Der Glaube verleiht dir Flügel, die Liebe ist dazu ein mächtiger Antrieb. So ausgerüstet, wirst du immer siegen. Die Engel werden dir einen Lorbeerkranz aufsetzen. Darunter auch ich, dein Begleiter in Ewigkeit.

23. November

Du bist am Morgen zusammen mit anderen Weinbergarbeitern eingestellt worden. Du kennst den Lohn, den der Gutsherr dir am Abend auszahlen wird. Freue dich darüber, zu erleben, dass die, die der Herr erst am Nachmittag eingestellt hat, denselben Lohn erhalten wie du. Das ist das Gesetz des Himmelreiches. Es zählt nicht nach dem Gesetz dieser Welt. Gottes Gerechtigkeit wird nicht vom Nutzen bestimmt, sondern von Mitleid und Güte. Ja, freue dich, schon hier unten zum Himmelreich zu gehören. Seine Gesetze sind sämtlich von der Liebe eingegeben.

24. November

Viele Christen begreifen den Sinn der starken Worte Jesu nicht, der doch der «**Friedefürst**» ist: «**Glaubet nicht, ich sei gekommen, Frieden auf die Erde zu bringen. Ich bin nicht gekommen, Frieden zu bringen, sondern das Schwert. Denn ich bin gekommen, den Menschen zu entzweien mit seinem Vater und die Tochter mit ihrer Mutter…**» (Mt 10,34-35).

«**Der Herr erforscht Herzen und Nieren**» (Ps 7,10). Findet er darin Liebe, zieht er sie an sich; aber er ist machtlos, wenn er darin Feindschaft, Eifersucht und Groll vorfindet. Dann ist er gezwungen, zum Schwert des Geistes zu greifen. Spricht er nicht: «**Wehe dem, durch den die Ärgernisse kommen**» (vgl. Lk 17,1)? Feindschaft, Eifersucht und Groll können bei den Kleinen und den Schwachen Ärgernis erregen und sie zu Fall bringen. Aber sie haben wenigstens eine Zuflucht: Gottes Wort, dieses «Schwert des Geistes» (vgl. Eph 6,17).

25. November

Der Glaube des römischen Hauptmanns ist bewundernswert (vgl. Lk 7,1-10). Lasse dich davon anregen. Er geht von einem Menschen aus, dessen Leben durch seine Haltung gegenüber Untergebenen und Vorgesetzten strahlend erscheint. Er, der Heide, hat den Juden eine

Kultstätte gebaut. Jesus ist von diesem Beispiel gerührt; darüber hinaus schätzt er den Glauben des Hauptmanns. An den Herrn zu glauben und Ihn zu lieben, das ist der unfehlbare Weg, damit Er ein Gebet erhört. Versäume es nie, zu danken, nachdem du erhört worden bist. Wenn dein Glaube unerschütterlich ist, tust du gut daran, zugleich zu danken, während du bittest.

26. November

Jede Gemeinschaft, selbst eine christliche, umfasst Mitglieder, die danach trachten, andere zu beherrschen. Hier ist der Geist der Welt im Spiel. Bei den Jüngern soll es nicht so sein: **«Wer der Kleinste unter euch allen ist, der ist groß»** (Lk 9,48). Verstößt ein Bruder gegen diese Lebensregel, muss er brüderlich zurechtgewiesen werden. Das verlangt Jesus (vgl. Lk 17,3). Meistens geschieht es aus Unkenntnis der Schrift, wenn die Jünger den vom Herrn klar vorgezeichneten Weg verlassen.

27. November

Das Volk Israel brauchte zur Durchquerung der Wüste vierzig Jahre; gleichwohl wurde es von einem unvergleichlichen Hirten geführt.

Vierzig Jahre sind im menschlichen Leben nötig, bis man das höchste Ziel zu ahnen beginnt; sodann muss man auf der weiteren Wanderung daran festhalten, denn das Ziel offenbart den Sinn des Weges.

Doch je mehr du Jesus nachahmst, desto schneller kommst du zum Ziel und umso glücklicher gestaltet sich der Weg. Tatsächlich hat der Lebensweg erst mit dem Tod ein Ende.

28. November

Am Ende der drei Jahre, die Jesus mit seinen Jüngern zusammengewesen war, hatte er ihnen noch vieles zu offenbaren. Er unterließ es, weil sie «**es jetzt noch nicht tragen**» konnten (Joh 16,12). Wie muss er darunter gelitten haben, sie immer noch so schwach zu sehen! Die Offenbarung der ganzen Wahrheit sollte das Werk des Heiligen Geistes sein. Sie geht heute weiter. Das Leben des Himmelreiches ist so schön, aber auch so anspruchsvoll, dass der Herr, der Gott der Güte, der Barmherzigkeit und des Mitleids, die Offenbarungen an die Aufnahmefähigkeit und die Umsetzungsfähigkeit im täglichen Leben der Jünger anpasst. Zu jedem spricht Jesus: «**Ich hätte (dir) noch viel zu sagen.**» Höre auch du weiter auf ihn.

29. November

«**Einen Wall richtet auf der Engel des Herrn; die Frommen umgibt er, sie zu retten. Kostet und seht, wie gütig der Herr ist! Selig der Mann, der flüchtet zu ihm.**» Erlebe die beiden Verse aus Psalm 34 heute besonders bewusst. Der Engel bin ich, der dir wie dein Schatten folgt.

30. November

Schaue bei widrigen Winden, die gefährlich an dir zerren, nach dem Herrn aus. Rufe nach ihm, wenn er nach deinem Gefühl säumig ist. Dann wirst du vernehmen: «**Mut! Ich bin es, fürchte dich nicht!**» (vgl. Mt 14,27) Vermeide es aber, ihn wie Petrus im Sturm zu bitten: «**Herr, wenn du es bist, heiße mich auf dem Wasser zu dir kommen!**» (Mt 14,28), aus Furcht, du könntest durch ein Versagen deines Glaubens in den Wellen versinken. Du hast noch keinen Glauben, um «**Berge zu versetzen**» (Mt 17,20). Bleib demütig, wenn du deinen Glauben misst. Erinnere dich aber: Der Glaube entfaltet sich wie eine Pflanze bis zur vollen Blüte. Es steht bei der Gnade und dir, dafür Sorge zu tragen!

Dezember

1. Dezember

Das Gebet steigt zum Himmel wie der Weihrauch ins Gewölbe eines Doms; je stärker der Weihrauch des Gebets von Glauben und Liebe durchglüht wird, desto höher steigen die duftenden Rauchkringel, denn sie sind von der Freude durchdrungen, die die Seele erhebt. Der Herr wiegt die Gebete: Er verwirft das gedankenlose Lippengebet, aber er ist entzückt, wenn aus dem Herzen ein Lobpreis oder ein Freudenruf dringt. Lege in dein Herzensgebet deine ganze Liebe.

2. Dezember

Strecke die Hand nicht zum Nehmen aus, sondern zum Geben. Du tust gut daran, die afrikanischen Brüder zu unterstützen. Sie sind so arm. Und so reich, wenn sie die Gute Nachricht in alle Winde aussäen. Du bist mit einigen bekannt. Trage sie im Herzen und in deinem Gebet; unterstütze sie; **«der Arbeiter ist seines Lohnes wert»** (Lk 10,7). Die Weinberge des Herrn sind groß und es sind nur wenige Arbeiter. Wenn du etwas gibst, schau auf die Frucht. Teile freudig. Wie arm sind Menschen, die bei ihrem Tod ein Vermögen hinterlassen, während das Teilen sie reich gemacht hätte! «**Wer den Armen gibt, erleidet keinen Mangel**» (Spr 28,27).

3. Dezember

Vergiss nicht, dass du geführt wirst. Der Heilige Geist geleitet dich auf grüne Weiden; ich begleite dich auf dem festlichen Weg, auf dem alles neu wird. Genieße jeden Augenblick und opfere ihn dem Herrn auf. Deine Freude macht seine Freude größer. Das ist ein Tausch unter Freunden. Er hat seine Jünger am Ende seines Osterweges in den Rang von Freunden erhoben (vgl. Joh 15,15). Du bist Gottes Freund!

4. Dezember

Du bist ein Bürger des neuen Jerusalem, «**der heiligen Stadt, die aus dem Himmel von Gott herabstieg**» (Off 21,10). Sie ist aus Jesus geboren. Sie erglänzt fortwährend in Gottes ureigener Herrlichkeit. Kannst du das Glück ermessen, in ihr zu wohnen? Kannst du dir einen Augenblick vorstellen, in dem dir der christliche Glaube fehlte? Wie leer wäre es, dein Leben! Lasse oft deinen Dank zum Himmel hinaufgehen für dieses königliche Geschenk, das du in seinem ganzen Wert niemals richtig zu schätzen vermöchtest, so hoch steht es über dir. Es ist reine Gnade. Es gleicht einem geschenkten, üppigen und sehr fruchtbaren Garten; du brauchst ihn nur zu bebauen, um deine Nahrung daraus zu ernten. Wenn du das Evangelium verbreitest, kannst du dabei mitwirken, dass es immer mehr solcher ertragreicher Gärten gibt.

5. Dezember

Du betest einen «**eifersüchtigen Gott**» an (Ex 20,5). Er fordert von dir ungeteilte Anhängerschaft. Liebe alle, die du auf Erden liebst, in Gott. So kannst du mit dem Psalmisten beten: «**Mein Herr! Du bist mein Glück, über dich geht nichts!**» (Ps 16,2) Die Quelle jedes wahren Glücks ist in Gott. Welch eine Freude, dieses dein Glück dem Allmächtigen, All-Liebenden aufopfern zu können!

6. Dezember

Beseitige sorgfältig alle Steine aus deinem Garten. Es könnte etwas von dem göttlichen Saatgut darauf fallen; die Sonne würde ausdörren. Die Samenkörner mit ihren Lebenskeimen müssen aufgehen können; dazu brauchen sie guten Boden. An dir ist es, dafür zu sorgen, dass er stets bereit ist, die göttliche Saat zu empfangen, die «**Frucht bringt teils hundertfach, teils sechzigfach, teils dreißigfach**» (Mt 13,8).

7. Dezember

Der Mensch bewegt sich häufig zwischen einer «**rechten Gesinnung, in Einfalt des Herzens**» und «**verkehrten Gedanken**», die Böses sinnen. Das eine erwächst aus einem von der Gnade bewohnten Leib, das andere «**aus einem Leibe, der Sklave der Sünde ist**» (Weish 1,1-4). So wie der Gärtner auf der Jagd nach dem Unkraut ist, das den Garten zu erobern und die Ernte zu ersticken droht, reiße aus deinem Herzen jeden unlauteren Gedanken aus, der darin aufkommen möchte. Vertreibe den Heiligen Geist nicht, der in dir wohnt (vgl. Weish 1,5). Er ist dein Erzieher. Lasse dich von ihm führen. Er tut es mit so viel Liebe. Deine Fügsamkeit lässt ihn in dir leise «**Abba!**» sprechen (Gal 4,6). Suche die Fülle immer bei ihm. So, und nur so, wirst du ein freier Mensch, denn «**wo der Geist des Herrn ist, da ist Freiheit**» (2 Kor 3,17). Der Heilige Geist wohnt in dir, betrübe ihn nie mehr.

8. Dezember

Heute feiern der Himmel und die erlöste Erde die unbefleckte Wohnstatt, die würdig war, den einzigen Sohn Gottes zu empfangen, der auf die Erde kam, um die Menschen zu erlösen. «**Mit den Gewändern des Heils bekleidet**» (vgl. Jes 61,10), ist die neue Eva, die Unbefleckte Empfängnis, auch deine unendlich liebende Mutter. Wenn es sein muss, greift sie zu deinen Gunsten ein. Erbebe vor Freude im Herrn. Bitte um die Gnade, dir voll bewusst zu werden, dass du so viele Schätze besitzt!

9. Dezember

Nimm Gottes Willen wie eine unschätzbare Wohltat an. Er sei deine Freude. Seine Frucht ist Heiligkeit. Selbst wenn er dir wie eine Last erscheint, die Frucht wird leicht sein. Sein Wille zeigt sich durch Ereignisse, Umstände und kleine Begebenheiten in deinem Tageslauf. Bringe sie dem Herrn dar, auch wenn sie dir schmerzlich sind. Du wirst dadurch gereinigt und indem du sie darbringst, heiligen sie dich. Mache dir eine solche Darbringung zur Gewohnheit; sie wird Freude in dir hervorbringen. Dadurch wird dein Leben verwandelt und verklärt.

10. Dezember

Wenn an deinem Herzen wie an einem Kunstwerk gefeilt wird, fallen viele Teilchen davon ab, die das Werk verunstalten würden. Das ist, durch die Gnade, meine Arbeit; aber, in deiner Freiheit, auch deine Aufgabe. Die Teilchen, die du abfeilst, das sind alle diese Gedanken, Handlungen und Wünsche, die dir nicht zum Guten, zum Adel deiner Seele gereichen: alles was Ichbezogenheit, Groll, Übelwollen, Feindschaft oder Zorn ist. Beseitige sie mit dem Gefühl der Befreiung; rufe mich zu Hilfe, um das zu erreichen. Dann nimmt das Kunstwerk langsam Form an und dein Herz wird dem Herzen Jesu ähnlich.

11. Dezember

Es gibt Seelen, die vor lauter Güte, Großmut und Treuherzigkeit strahlen. Sie bringen Segen in dein Leben. Sie helfen dir, dich zu reinigen, indem du im Vergleich mit ihnen deine eigenen Nachlässigkeiten und Fehler entdeckst. Ihre Tugenden stecken an. Ahme sie nach. Du wirst an Geduld, Liebe und Kraft gewinnen.

12. Dezember

«Wir haben doch nur einen Gott, den Vater, aus dem alles ist und für den wir da sind» (1 Kor 8,6).

Dieser Gott ist dein Vater, du bist sein Kind. Tag und Nacht sorgt er für dich. Er kennt dich besser als du selbst. Bemühe dich, seiner immer würdiger zu werden. Bitte ihn inständig, er möge sich durch immer mehr Menschen bekannt machen, bis die ganze Welt in Liebe zu ihm entbrennt und in dieser Entflammung seine unendliche Hoheit in ihrer Güte und Barmherzigkeit erglänzt.

13. Dezember

Es gibt Tränen, die wie alle Tränen bewegend sind und die zugleich erfreuen. So war es bei Maria Magdalena, als sie am Grab weinte. Man sieht sie weinen und weiß dabei schon, dass ihr Herz im nächsten Augenblick in Freude ausbrechen wird. Sie wendet sich um und erblickt Jesus, erkennt ihn aber erst, als er liebevoll «**Maria!**» zu ihr sagt. In einer ähnlichen Aufwallung von Liebe ruft sie aus: «**Rabbuni!**» (Joh 20,16). Dann wird sie von ihm gesandt, den Jüngern zu verkünden, dass Er auferstanden ist und zu seinem Vater hinaufgeht.

Alle Tränen werden getrocknet. Keine Verzweiflung dauert ewig. Dafür sorgt die unsichtbare Welt, so wie ich für dich in deinen Kümmernissen sorge in dem Wunsch, in deinem Herzen wieder Freude aufleben zu lassen. So wie ich auf dich achte, um die Hindernisse aus dem Weg zu räumen, an denen du dich stoßen könntest.

14. Dezember

Hast du genügend Glauben, um einen Gelähmten aufzufordern: «**Im Namen Jesu Christi, stehe auf und**

gehe!»? So wie Petrus angesichts des von Geburt an Lahmen an der Schönen Pforte beim Tempel, in der Gewissheit, erhört zu werden. Da sieht man den wunderbar geheilten Lahmen aufstehen, herumgehen und, Gott lobend, Freudensprünge vollführen (vgl. Apg 3,1-10).

Jesus hat seinen Jüngern angekündigt, sie würden Wunder tun. Dazu ist rückhaltloser Glaube nötig. Wenn es heute wenig Wunder gibt, liegt das an dem dahinschwindenden Glauben. Vermehre deinen Glauben, erbitte Wunder vom Herrn. Du wirst sie erhalten, wenn du während des Bittens vollkommen sicher bist, dass du erhört wirst. Er ist rar, der unbedingte Glaube.

15. Dezember

Tröste die Traurigen und die schwer Geprüften mit den Worten des Psalmisten: «**Die Gerechten riefen, und es hat sie der Herr erhört, er hat sie befreit aus all ihrer Drangsal. Die gebrochenen Herzens sind, denen ist nahe der Herr; ein zerschlagenes Gemüt wird er heilen**» (Ps 34,18-19). In Verzweiflung, Verlassenheit und Leid sind die Seelen am weitesten geöffnet für den Trost von oben. Die Christen sollten hinzueilen, wenn sie ein zerschlagenes Gemüt, eine für die Umkehr offene Tür entdecken.

16. Dezember

Du hast die Gnade, die «**Geheimnisse des Himmelreiches**» zu kennen. Danke dem Herrn, dass dein Herz nicht «**verstockt**» ist und du nicht «**schwer hörst mit deinen Ohren**» (vgl. Mt 13,10-17). Angesichts solcher Seelen ist

Jesus machtlos. Wären sie anders gewesen, hätte er sie heilen können. Es besteht auf deiner Seite keinerlei Verdienst. Du verdankst es Gottes unendlicher Barmherzigkeit. Dein einziges Verdienst: Du hast dir die Ohren nicht verstopft und die Augen nicht geschlossen: «**Selig sind eure Augen**», sagt Jesus, «**weil sie sehen, und eure Ohren, weil sie hören.**»

17. Dezember

Sinne über die Worte des Apostels Paulus nach: «**Ein Wehe träfe mich, wenn ich das Evangelium nicht predigte**» (1 Kor 9,16). Und wie hat der Völkerapostel es angefangen? Er hat sich mit den Juden zum Juden gemacht, mit dem Gesetzlosen zum Gesetzlosen und schwach mit den Schwachen. Das heißt, die Verkündigung des Evangeliums geht nicht vom Standpunkt des Christen aus, der den Glauben hat, sondern von dem, was der Nicht-Christ verstehen und ertragen kann. Von da aus muss man ihn Schritt für Schritt zur vollen Wahrheit führen. So hat Jesus es mit seinen Jüngern getan. Sprach er nicht am Ende seiner Sendung bei ihnen: «**Noch vieles habe ich euch zu sagen, aber ihr könnt es jetzt noch nicht tragen**» (Joh 16,12)? Mache es wie der Apostel, der gesagt hat: «**Allen bin ich alles geworden, um auf jeden Fall etliche zu retten**» (1 Kor 9,23). Dahin gelangst du durch deinen Glauben.

18. Dezember

Dein ganzes Leben und das Leben jedes Christen hat nur das eine Ziel: in dir sterben zu lassen, was irdisch ist, dich von dem «**alten Menschen**» zu lösen und den «**neuen Menschen**» anzuziehen (vgl. 1 Kor 3,5-17). Der neue Mensch ist das Wesen, welches von Christus neu geschaffen ist, von Dem, der «**alles in allem**» ist. Mit Christus bekleidet, bekleidet sich der neue Mensch mit Liebe, die «**das Band der Vollkommenheit**» ist. Die Frucht besteht in dem Frieden, der nun im Herzen herrscht, ein unermesslicher Schatz. Im Besitz dieses Schatzes wird dein Leben ganz von selbst zu Lob und Dank. Es gibt kein größeres Glück auf Erden.

19. Dezember

Wenn irgendwo auf der Welt Christen verfolgt werden, leiden alle wahren Christen mit ihnen. Die Christen der Welt bilden «**einen einzigen Leib**», den «**Leib Christi**» (vgl. 1 Kor 12,27). Jeder ist ein Glied an diesem Leib und jedes Glied hat eine Aufgabe. Fahre fort zu beten, daß der Herr dir deine Aufgabe im Leib Christi und ihre weitere Ausführung offenbart.

20. Dezember

Vor Jesus Christus war es das Gesetz des Mose, das die Gläubigen führte, es war der «Erzieher» des Gläubigen (vgl. Gal 3). Das Gesetz führte ihn an der Hand, wie man ein Kind führt. Seit Christus, dem einzigen Sohn des lebendigen Gottes, ist das Gesetz von dem Glauben an Ihn ersetzt worden. Nun ist der Glaube der Erzieher des Gläubigen. Durch den Glauben an Jesus Christus bist du in Ihm ein Sohn Gottes geworden. Durch die Taufe hast du «**Christus angezogen**» und bist eine Wohnstatt des Heiligen Geistes. Und der Geist des Sohnes ruft in dir «**Abba!**» In ihm hast du das unermessliche Vorrecht, Gott den Vater mit dem zärtlichen Namen «Papa» anzusprechen.

21. Dezember

Jeder, der zu dir kommt, ist von Jesus zu dir gesandt worden. Empfange ihn so herzlich wie einen Freund. Du weißt nicht, was dann im Herzen dieses neuen Freundes vor sich geht, wisse aber, dass du das Werkzeug seiner inneren Erneuerung gewesen sein wirst, die der Heilige Geist in dem Maß bewirkt, wie es dieser Mensch zulässt. Er wird sich wie eine Blume öffnen.

Teile so oft wie möglich die Freude, die in dir ist, die Freude Christi. Du hast reichlich empfangen, so gib auch reichlich.

22. Dezember

Gehe zum Herzen Jesu; dort findest du die Lösung für alle Nöte. Wenn er jeden Teil deines Inneren eingenommen hat, wirst du wirklich heilig sein; das ist aber erst dann möglich, wenn jeder Rest deiner Ichsucht beseitigt ist. Folge der Spur Jesu. Mögen sein Leben und sein Wort täglich deinen Glauben nähren. Es wird manchmal schwierig sein. Die Selbstentäußerung macht eine Reihe schmerzhafter Operationen erforderlich.

23. Dezember

Strahle überall auf deinen Wegen den Frieden Christi aus, der in dir ist. Beteilige dich nie an irgendwelchen

Zwisten. Es bedeutete großes Leid für Jesus, mitanzusehen, wie einige seiner Jünger Zwietracht säten hinsichtlich einiger Fragen, die den Geist der Schriftgelehrten betrafen, welche erbittert versuchten, Jesus in die Falle zu locken. Demut und Sanftmut sind bei jedem Übel die wirksamsten Heilmittel. Lerne dieses Heilmittel immer besser kennen und anzuwenden.

24. Dezember

Ein Freudentag in der Erwartung des Herrn. Gleichwohl ist die Welt zweitausend Jahre nach seiner Geburt immer noch weitgehend in der Finsternis. Sei trotz allem froh. Bete darum, dass das Evangelium sich schneller ausbreitet. Es ist der Mittelmäßigkeit der Christen zuzuschreiben, dass die Verkündigung unzählig viele Menschen übergangen hat. Jesus hat die Verkündigung seinen Jüngern anvertraut. Er leidet darunter, die meisten von ihnen so schwach und nachlässig zu sehen, während er doch darauf brennt, der ganzen Welt ein «**Feuer**» zu bringen. Er sähe es zu gern schon überall brennen (Lk 12,49). Darum kommt er in der Weihnacht zur Welt.

25. Dezember

«**Ein Kind ist uns geboren, ein Sohn ist uns geschenkt**» (Jes 9,5). Das Himmelreich tut sich den Menschen auf der Erde auf! Ein Neugeborener in einer Krippe gewährt den Zugang. Eine Höhle statt eines goldenen Schlosses. Das Gottesreich steht zuerst den Demütigen und Einfältigen offen. Die an Gütern und Verstand reich sind, haben Mühe, sich durch die Irrwege ihres Lebens einen Weg zum Himmel zu bahnen.

Sei an der Krippe von Bethlehem demütig und gering. Dann wirst du vom Glück überwältigt. Dem unsäglichen Glück, Gott, dem Herrn des Alls, ganz nahe zu sein, der im Schoß der Jungfrau Maria, seiner heiligen Mutter, Mensch geworden ist; sie ist die neue Eva, deine allliebende Mutter in der Gnadenordnung.

Nimm voll an der allgemeinen Freude und Fröhlichkeit teil, mit der der Beginn des wichtigsten Ereignisses der gesamten Geschichte seit der Erschaffung des Menschen, des Ebenbildes Gottes, gefeiert wird. Aus dieser Schöpfungstat ergibt sich folgerichtig die Menschwerdung Gottes. Auf diesem Höhepunkt zeigt sich die Folgerichtigkeit der Liebe in vollendeter Weise: **«Das Wort ist Fleisch geworden und hat unter uns gewohnt»** (Joh 1,14).

26. Dezember

Sei nach dem Fest wachsam. Bleibe wachsam, damit Jesus, der in einer Krippe angebetet wird, dich bei seiner Wiederkunft untadelig findet (vgl. 1 Thess 5). Er wird ebenso gewiss wiederkommen, wie er in Bethlehem zur Welt gekommen ist. Diese Wachsamkeit hält jede Unruhe von dir fern und bewahrt dich in der Freude: in der Freude Christi, der Frucht des in dir wohnenden Heiligen Geistes.

27. Dezember

Der von der Jungfrau zur Welt gebrachte Neugeborene hat sich zum Opfer bestimmt, um euch von euren Sünden reinzuwaschen. Durch sein Blut habt ihr die **«endgültige Erlösung»** (Hebr 9,12). Jesus ist das makellose Opfer; er **«reinigt die Gewissen von toten Werken»** (Hebr 9,14) durch sein Blut. Sein Gesetz der Liebe ist in dein Gewissen eingeschrieben. Folge diesem Gesetz treu, und der Herr wird deiner Sünden und Verfehlungen nicht mehr gedenken (vgl. Jer 31,34).

28. Dezember

Vereinige deinen Glauben mit der Tugend, der Frucht deiner Bemühungen. Vertiefe dein Glaubenswissen ständig. Erwirb Selbstbeherrschung, um den Glauben in der Tugend anzuwenden. Füge auch Beharrlichkeit hinzu. Das alles kröne mit der Liebe. Diesen Rat gibt dir Petrus, der erste Schlüsselverwalter des Himmelreiches (vgl. 2 Petr 1,3-11). So wirst du in Gottes Augen angenehm sein.

29. Dezember

Der Friede und die Freude Christi gehen weit über alles menschliche Verstehen hinaus. Niemand kann sie dir nehmen, außer du selbst.

Das ist in deinem gegenwärtigen Lebensabschnitt das kostbarste Gut. Lasse dieses Gut von niemandem stören. Schließe deine Herzenstür vor den Sorgen und Zerstreuungen der Welt; sie bringen dich von dem Weg ab, den du die Gnade hast zu gehen. Wenn Schwierigkeiten und sogar Prüfungen kommen, seien sie für dich Anstöße zu innerem Wachstum; dieses ist bei weitem noch nicht abgeschlossen. Werde jeden Tag würdiger, dem dreifaltigen Gott als Wohnstatt zu dienen. Verkoste die folgenden, so gütigen Worte Jesu: «**Wenn einer mich liebt, wird er mein Wort bewahren, und mein Vater wird ihn lieben, und wir werden zu ihm kommen und Wohnung bei ihm nehmen**» (Joh 14,23). Und der Heilige Geist wird «**Abba!**» in dir seufzen (Gal 4,6).

Ja, du bist eine Wohnstatt des dreifaltigen Gottes. Ein für den Menschen undurchdringliches Geheimnis. Du wirst es erst im Jenseits verstehen.

30. Dezember

Lasse dich von «**falschen Propheten**» und «**falschen Lehrern**» (2 Petr 2,1) nicht verwirren und nicht einmal ablenken; sie versuchen, die Jünger von der Wahrheit abzubringen und verbreiten ihre Fabeln. Das sind tote Werke. Jesus ist gekommen, um uns das Leben zu schenken. Von seinem Leben sollst du leben. Bleibe weiterhin auf dem Weg der Wahrheit. Jesus ist «**der Weg, die Wahrheit und das Leben**» (Joh 14,6). Die Kirche, von Jesus auf den Felsen Petrus und seiner Nachfolger erbaut, gewährleistet die Reinheit der Glaubenslehre. Folge dem Wort des Petrus im Frieden; es ist der treue Widerhall des Wortes Christi.

31. Dezember

Alles Leben erlischt, jedes Jahrhundert und jedes Jahrtausend hört einmal auf. Nur Gott ist ewig; der erlöste

Mensch ist unsterblich, weil er nach dem Bilde Gottes geschaffen ist. Er wird in Gott leben, wenn er sich an dem «**Strom von Lebenswasser**» gelabt und vom Ertrag des «**Baumes des Lebens**» ernährt hat (Off 22,1-7).

Auch weiterhin, mein geliebter Gefährte in Ewigkeit, labe dich an diesem lebendigen Wasser und ernähre dich mit den Früchten des Lebensbaums. Bleibe im Frieden und in der Freude. Lebe ganz bewusst in der Gegenwart. «**Jeder Tag hat genug an seiner eigenen Plage**» (Mt 6,34). Und jeden Tag bete: «**Maranatha!**», komm, Herr Jesus (Off 22,20).

Novene zum Schutzengel

Was ist eine Novene?

Zwischen der Himmelfahrt des auferstandenen Christus und Pfingsten, dem Tag der Ausgießung des Heiligen Geistes auf die um Maria versammelten Apostel, die **«einmütig zusammen»** beteten (Apg 1,14), vergingen **neun Tage** des Gebets in Vereinigung mit Gott. Auf diese grundlegenden Ereignisse geht der sehr alte Brauch zurück, neun Tage dem Gebet zu widmen, in Erinnerung an das inständige Beten Marias und der Apostel während der neun Tage vor der Gründung der Kirche.

Darum ist eine Novene nicht einfach eine täglich wiederholte Gebetszeit, und sie beschränkt sich auch nicht darauf, dass einmal am Tag einige bestimmte Gebete gesprochen werden. **Eine Novene ist ein neuntägiges Eintauchen in eine ständige Bereitschaft zum Gebet, eine ständige Vereinigung mit Gott,** die auf die Fürbitte Marias, eines Heiligen oder des Schutzengel inniger ist als sonst. Es handelt sich um eine ständige innere **Bereitschaft** zum Gebet für die Dauer von neun Tagen. Dabei ist es selbstverständlich gar nicht nötig, von morgens bis abends irgendwelche vorgeformten Gebete zu sprechen. Es genügt, sich in diesen neun gesegneten Tagen bewusst und entschlosen mit Gott zu vereinen.

Daher weist eine Novene zwei Bestandteile auf:

1. **ein zu einem bestimmten Zeitpunkt gesprochenes Gebet**, das eigentliche Gebet der Novene, das sich zum Teil von Tag zu Tag ändert. Eine Gebetszeit zu einer festgelegten Stunde, in der die Gebete der Novene mit der ganzen notwendigen Inbrunst gesprochen werden.

2. Innere **Bereitschaft zum Gebet**, die man während dieser neun Tage beibehält. Möchte man diese ständige Bereitschaft fördern, ist es gut, immer wieder aus dem Herzen aufsteigende Ausrufe wie «Liebespfeile» zum Himmel emporzusenden, zum Beispiel: «Mein Gott, ich liebe dich!» oder «Mein Gott, erhöre mein Gebet!» Oder durch die Nennung des dreifaltigen Gottes bei den heiligsten Namen, die ein Mensch sprechen kann: **«Abba, Jeschua, Ruach!»**, die Namen der drei Personen der Allerheiligsten Dreifaltigkeit in der Ursprache, in der sie offenbart wurden, auf Hebräisch. Diese ausgezeichnete, früher sehr beliebte Angewohnheit, solche Liebesausrufe, so genannte «Stoßgebete», zu sprechen, belebt die Vereinigung mit Gott immer neu; der Mensch ist berufen, in ihr zu wachsen, bis er endlich mit Gott vereint ist.

Novene zum Schutzengel[4]

Erster Tag: Lob und Anbetung des Herrn

1. Tagesgebet

Engel Gottes, dem ich in Obhut gegeben bin,
der du den Herrn, den Schöpfer des Alls,
seit deiner Erschaffung anbetest und betrachtest
von Angesicht zu Angesicht,
lehre mich die Anbetung und die Betrachtung.
Wie du, erkenne ich mit meinem ganzen Sein
die vollkommene Herrschaft des Herrn
über alle Dinge und Wesen an.
Wie du, liebe ich ihn von ganzem Herzen,
ihn, die Quelle aller Liebe.
Hilf mir, mein ganzes Leben
dem Lob des dreifaltigen Gottes zu weihen,
dem Vater, dem Sohn und dem Heiligen Geist,
nicht allein durch Gebet, sondern auch dadurch,
dass ich die Aufgaben mustergültig erledige,

---

4. Kann das ganze Jahr hindurch gebetet werden, besonders aber vom **23. September bis zum 2. Oktober als Vorbereitung auf das Schutzengelfest am 2. Oktober.**

die mir Tag für Tag aufgegeben sind,
selbst die geringsten und scheinbar unwichtigsten.
So möge mein ganzes Leben ein Lob des Herrn sein
zu seiner größeren Ehre
und zu meinem und deinem Glück. Amen.

2. Beten Sie das Glaubensbekenntnis, je ein Vaterunser, Ehre sei dem Vater und Gegrüßet seist du, Maria.
3. Weihe an den Herrn durch den heiligen Erzengel Michael (siehe unten).
4. Kurzes Verweilen in Herzensgemeinschaft mit Ihrem Schutzengel.

Zweiter Tag: «Seid heilig, denn ich bin heilig»[5]

1. Tagesgebet

Schutzengel, dem der Schöpfer mich anvertraut hat,
du bist heilig geblieben von der einzigen Heiligkeit
Gottes, als du dich weigertest, den abtrünnigen Engeln
zu folgen;
führe mich auf den Weg zur Heiligkeit und Treue,
den Gott mir in seiner unendlichen Güte öffnet.
Er hat mich nach *«seinem Bild geschaffen»*,
er beruft mich, seinem einzigen Sohn Jesus Christus
immer ähnlicher zu werden, indem ich
«sanftmütig und von Herzen demütig»[6] werde wie er.
Setze dich bei den Schutzengeln aller, die mir lieb sind,
dafür ein, dass jedem und jeder von ihnen das
Gleiche geschehe.

---

5. Lev 19,2.
6. Mt 11,29.

Möge ich in meinem Leben immerdar
in Worten und Taten die einzige Heiligkeit Gottes
widerspiegeln, um seiner dringenden
Forderung zu gehorchen:
«Seid heilig, denn Ich bin heilig!» Amen.

2. Beten Sie das Glaubensbekenntnis, je ein Vaterunser, Ehre sei dem Vater und Gegrüßet seist du, Maria.
3. Weihe an den Herrn durch den heiligen Erzengel Michael (siehe unten).
4. Kurzes Verweilen in Herzensgemeinschaft mit Ihrem Schutzengel.

Dritter Tag: Meine «Stütze und mein Hirte»

1. Tagesgebet

Schutzengel, der du meine «Stütze und mein Hirte» bist, «um mich zum Leben zu führen»[7],
mein Weggefährte von Tag zu Tag, ich überlasse mich deiner Eingebung, damit ich jederzeit, daheim oder bei der Arbeit, unterwegs oder in Gesellschaft, Gottes Heiligkeit ausstrahle durch Sanftmut und Demut, Zuvorkommenheit und Offenheit. Alle diese Tugenden sind reine Gnade und Gaben des Heiligen Geistes.
So will ich an meinem bescheidenen Platz sehr bewusst beitragen zur Verbreitung der Guten Nachricht Jesu Christi in der Welt. Gib mir in jedem Augenblick die rechten Worte ein und Taten voller Liebe zu Gott und dem Nächsten als Widerschein des göttlichen Willens.

---

7. Hl. Basilius.

Ich will in den Händen des Herrn ein Werkzeug sein, das brauchbar ist zum Aufbau des Gottesreiches auf Erden. Amen.

2. Beten Sie das Glaubensbekenntnis, je ein Vaterunser, Ehre sei dem Vater und Gegrüßet seist du, Maria.
3. Weihe an den Herrn durch den heiligen Erzengel Michael (siehe unten).
4. Kurzes Verweilen in Herzensgemeinschaft mit Ihrem Schutzengel.

Vierter Tag: Mein Tröster und Verteidiger

1. Tagesgebet

Schutzengel, den der geliebte Vater mir zur Seite gestellt hat, auf dass du mich auf all meinen Wegen trägst, damit ich nicht an die Hindernisse stoße, die der Teufel, der aufständische Engel, allen Zeugen des Evangeliums in den Weg stellt, du, der du unablässig das strahlende Angesicht des geliebten Vaters in den Himmeln schaust, strahle ein wenig von diesem göttlichen Licht in meine Seele, besonders wenn mich Zweifel und alle möglichen Schwierigkeiten bedrängen. Möge mir dann bewusster werden, dass du mir ständig liebevoll nahe bist, damit ich aus deiner Hilfe Trost und frischen Mut schöpfe.
Und wenn die Versuchungen auf mich einstürmen, komme meiner Schwachheit und Hinfälligkeit zu Hilfe, sei mein Verteidiger in der Stunde der Gefahr. Amen.

2. Beten Sie das Glaubensbekenntnis, je ein Vaterunser, Ehre sei dem Vater und Gegrüßet seist du, Maria.

3. Weihe an den Herrn durch den heiligen Erzengel Michael (siehe unten).

4. Kurzes Verweilen in Herzensgemeinschaft mit Ihrem Schutzengel.

Fünfter Tag: Aufstieg zur Vereinigung mit Gott

1. Tagesgebet

Schutzengel, mein geliebter Engel, seit du erschaffen
bist, genießt du den großen Vorzug, mit Gott
vollkommen vereint zu sein, und ich bin gewiss,
dass auch ich dies im Glauben an Jesus Christus
an deiner Seite eines Tages in Fülle erleben darf.
Inzwischen aber kann ich trotz der Schwerfälligkeit
des Fleisches ständig weiterkommen auf dem Weg
zur vollkommenen Vereinigung mit Gott,
indem ich in der inneren Burg meiner Seele
bis in die verborgenste Mitte vordringe,
wo man die volle Vertrautheit mit Gott genießt.
Teresa von Avila, nach deren Vorstellung diese Burg
ganz aus Diamant besteht, zeigt auf, was in ihrem
Innersten vorgeht, wo man jene «siebente Wohnung»
betritt, das höchste in der Vereinigung mit Gott:

> «Aus dieser erhabensten Vereinigung
> entspringt eine Frucht:
> Du wirst alles tun, was Gott liebt,
> Gott wird alles tun, was du willst.»

Lehre mich, stets alles zu erkennen «was Gott liebt»
in meiner Beziehung zu dem Nächsten
und in den kleinsten Umständen meines Lebens.

Ich bitte dich, mein Hirt und Weggefährte,
durch Christus, deinen und meinen Herrn. Amen.

2. Beten Sie das Glaubensbekenntnis, je ein Vaterunser, Ehre sei dem Vater und Gegrüßet seist du, Maria.
3. Weihe an den Herrn durch den heiligen Erzengel Michael (siehe unten).
4. Kurzes Verweilen in Herzensgemeinschaft mit Ihrem Schutzengel.

Sechster Tag:Wegbereiter der Freude Christi

1. Tagesgebet

Christus hat am Kreuz das ganze Elend der Welt
auf sich genommen. Als eine königliche Gegengabe
hat er uns die Freude geschenkt, **seine** Freude,
die uns niemand nehmen kann. Eine Freude,
die «vollkommen» ist, aber nicht unbedingt
aus Heiterkeit oder Vergnügen besteht.
Hilf mir, mein Schutzengel, dass ich aus dieser
Freude Christi lebe, die der Gewissheit entspringt,
vom Vater in den Himmeln geliebt zu werden,
weil wir um den Preis des kostbaren Blutes
seines einzigen Sohnes erlöst sind.
Eine Freude, die stärker aus dem Gebet des Herzens
und den Sakramenten der Versöhnung
und der Eucharistie hervorsprudelt;
eine überströmende Freude, selbst in der Prüfung.
Die vollkommene Freude, die wir einst im Jenseits,
der *«Ewigkeit der Wonnen»*, kennenlernen werden.
Lasse mich diese Freude entdecken, von der du,
den dreifaltigen Gott schauend, schon lebst.

Nicht nur, um mich vor Gefahr zu beschützen,
hat der Schöpfer dich mir zur Seite gestellt,
sondern auch, damit ich *«juble und froh bin all meine Tage»*[8]. Amen.

2. Beten Sie das Glaubensbekenntnis, je ein Vaterunser, Ehre sei dem Vater und Gegrüßet seist du, Maria.
3. Weihe an den Herrn durch den heiligen Erzengel Michael (siehe unten).
4. Kurzes Verweilen in Herzensgemeinschaft mit Ihrem Schutzengel.

Siebenter Tag: Mein Bote bei denen, die ich liebe

1. Tagesgebet

Leben heißt Liebesbande knüpfen, und nicht,
ein Vermögen gewinnen oder Ruhm erwerben.
Die Liebe ist von göttlicher Wesensart, sie ist
der einzige unvergängliche Reichtum.
Alles andere wird eines Tages unwiederbringlich
vergangen sein. Vom Mutterleib an sind in meinem
Leben echte Liebesbeziehungen gewachsen.
Engel Gottes, mein geliebter Schutzengel, hilf mir,
in diesen so kostbaren Beziehungen treu zu bleiben,
denn jede Liebesbeziehung ist in mir und durch
mich eine Spur von Gott.
Sei ein Bote bei allen, die meinem Herzen lieb sind,
zusammen mit ihren Schutzengeln versichere ihnen,
dass meine Liebe zu ihnen treu und unwandelbar ist
und ihnen eine Stütze sein möchte
auf ihrem eigenen Weg zur Heiligkeit.

---

8. Ps 90,14.

Richte ihnen meinen Dank aus,
denn alle Liebe ist ein Widerschein Gottes;
dadurch dass ich sie liebe und je mehr ich sie liebe,
wird Gottes Gegenwart in mir größer und spürbarer.
Dadurch dass sie sich von mir lieben lassen
und mich ihrerseits lieben, lassen sie Christus
in mir und in ihnen selbst wachsen. Amen.

2. Beten Sie das Glaubensbekenntnis, je ein Vaterunser, Ehre sei dem Vater und Gegrüßet seist du, Maria.

3. Weihe an den Herrn durch den heiligen Erzengel Michael (siehe unten).

4. Kurzes Verweilen in Herzensgemeinschaft mit Ihrem Schutzengel

Achter Tag: Der Meister der Liebe

Geliebter Schutzengel, mein Weggefährte
und mein Hirte, der du das Vorrecht genießt,
den Herrscher über das All, die Quelle aller Liebe,
unablässig von Angesicht zu Angesicht zu schauen;
lehre mich die Worte, die Handlungen und das Verhalten
der wahren Liebe in jeder Lage, so wie sie uns
der Apostel lehrt[9], *«einen Weg, der über jede andere Gnadengabe hinausgeht»*, die dienende, geduldige
und verschwiegene, die demütige, selbstlose
und friedliebende Liebe, die Liebe, die *«sich nicht über das Unrecht freut, die sich viel mehr an der Wahrheit mitfreut»*, die nachsichtige Liebe,

9. 1 Kor 13.

die vertraut, *«die alles hofft und alles erträgt»*.
Mit einem Wort, die *«Liebe, die niemals aufhört»*.
Ich bin mir bewusst, dass ich dem Herrn ähnlich sein werde, dass Christus wirklich in mir leben wird, sobald ich wirklich gemäß dieser Liebe zu leben beginne, wie sie der heilige Paulus beschreibt.
Du, der du bei Tag und bei Nacht an meiner Seite lebst gib mir unentwegt Worte und Handlungen ein, die echte Liebe beweisen.
Hilf mir, die unvermeidlichen Prüfungen zu bestehen auf diesem Weg der Läuterung, der mich lehren soll, meinen Nächsten so zu lieben, wie Maria uns liebt.
Amen.

2. Beten Sie das Glaubensbekenntnis, je ein Vaterunser, Ehre sei dem Vater und Gegrüßet seist du, Maria.
3. Weihe an den Herrn durch den heiligen Erzengel Michael (siehe unten).
4. Kurzes Verweilen in Herzensgemeinschaft mit Ihrem Schutzengel

Neunter Tag: Lehrmeister des Gebets

1. Tagesgebet

Engel Gottes, den der Herr mit meinem Schutz betraut hat, ohne Unterlass betest du an und betrachtest du das strahlend schöne Antlitz unseres Schöpfers und Erlösers. Sei mein Lehrmeister im Gebet.
Ich bin mir bewusst, wie schlecht ich bete, meist spreche ich die Worte, ohne dass sie von Herzen kommen.
Ich *«suche Den, den meine Seele liebt»*[10], und habe

10. Hld 3,2.

ihn noch nicht gefunden. Ich lebe, aber noch nicht so,
dass voll und ganz *«Christus in mir lebt»*[11].
Bitte mit mir den Heiligen Geist, dass er mir
die Gnade gewähre, von der die Schrift spricht:
«Tu auf deinen Mund, ich werde ihn füllen!»[12]
Möge Er mich das Herzensgebet entdecken lassen,
das noch wie ein Schatz im Acker meiner Seele
verborgen ist. Ich bin nach dem Bild Gottes geschaffen,
so habe ich in mir die Erde und den Himmel.
Hilf mir, geliebter Schutzengel, aus dieser Welt
einen Himmel auf Erden»[13] zu machen.
Das wird mir gelingen, wenn ich mein Herz leer
räume von der Welt, die sich noch darin breit macht,
und es füllen kann mit Gott. Darum lehre mich
das Herzensgebet, du mein Hirte und meine Stütze,
mein Lehrmeister im Gebet. Amen.

2. Beten Sie das Glaubensbekenntnis, je ein Vaterunser, Ehre sei dem Vater und Gegrüßet seist du, Maria.
3. Weihe an den Herrn durch den heiligen Erzengel Michael (siehe unten).
4. Kurzes Verweilen in Herzensgemeinschaft mit Ihrem Schutzengel

---

11. Gal 2,20.
12. Ps 81,11.
13. Hl. Hildegard.

Zehnter Tag, der Tag der Danksagung: Diener der Königin der Engel

1. Tagesgebet

Deine Königin, geliebter Schutzengel, ist Maria, Jesu Mutter und Mutter der auf Erden lebenden Geschöpfe; eine Mutter, die Jesus, als er am Kreuz hing, seinem Lieblingsjünger Johannes übergab, durch Johannes aber auch uns, die wir alle nach dem Bild Gottes erschaffen sind. Deine Königin ist meine Mutter. Gäbe es ein engeres Band als das zwischen einer Mutter und ihrem Kind? Hilf mir, mein geliebter Schutzengel, das Wunder, das Geheimnis des mütterlichen Bandes zwischen Maria und mir tiefer zu erfassen; es ist unmittelbar mit dem Weg zur Vergöttlichung verknüpft, auf dem Jesus mich gern weiterkommen sehen möchte. Das kann nur geschehen, wenn ich Jesus in der Sanftmut und Demut immer ähnlicher werde. Maria selbst besitzt diese Tugenden in Vollendung. Sei mein Bote bei deiner Königin, dass sie mir helfen möge, Jesus trotz aller Schwierigkeiten schneller ähnlich zu werden. Lehre mich, Maria, deine Königin und meine Mutter, so zu lieben, wie sie es verdient. Amen.

2. Beten Sie das Glaubensbekenntnis, je ein Vaterunser, Ehre sei dem Vater und Gegrüßet seist du, Maria.
3. Weihe an den Herrn durch den heiligen Erzengel Michael (siehe unten).
4. Kurzes Verweilen in Herzensgemeinschaft mit Ihrem Schutzengel

Gebet am Ende der Novene

Mein Herr und Gott, sieh mich in meinem Glauben und meiner Liebe zu dir gestärkt am Ende dieser Novene zu meinem Schutzengel, dem Weggefährten, dem du mich anvertraut hast; gewähre mir die in der Novene erbetene Gnade des Gebets und der Danksagung, der Heiligkeit des Lebens, die Gnade, Liebe zu schenken, wodurch ich zum Widerschein deiner Liebe werde. Gewähre die Gnade der Fürsprache Marias, der Mutter deines eingeborenen Sohnes, meiner und der Königin der Engel Mutter, sowie die Gnade der immer innigeren Vereinigung mit deiner göttlichen Majestät.

Engel Gottes, du mein Hirte und Beschützer, bitte beim Herrn für mich, auf dass ich immerdar bereit bin, die Gnaden zu empfangen und als Jünger Jesu Christi in der Heiligkeit vorankommen zu wollen. Ich habe während dieser Novene meine Beziehung zu dir enger geknüpft; wache darüber, dass sie sich nicht mehr lockert. Sei noch mehr mein Ratgeber, weise mir noch mehr die Richtung und ermutige mich noch mehr, wie der Herr dir an meiner Seite aufgetragen hat. Mir ist deine Gegenwart und deine Rolle in meinem Leben jetzt viel bewusster geworden und ich will deinem Einfluss, der meinen freien Willen achtet, offener und williger folgen. Außerdem möge mein Aufstieg zur Vereinigung mit Gott dich mit Freude erfüllen, mit der Freude Christi, den du zusammen mit mir in dem dreifaltigen Gott anbetest, dem Vater, dem Sohn und dem Heiliger Geist. Amen.

Das altüberlieferte Gebet zum Schutzengel[14]

Engel Gottes,
dem ich in Obhut gegeben
auf Geheiss der göttlichen Vorsehung,
erleuchte mich,
lenke mich,
beschütze mich
heute und mein Leben lang. Amen.

Lobgebet an meinen Schutzengel

Mein Schutzengel,
dem die göttliche Vorsehung
meine Seele anvertraute,
damit ich voranschreite
auf dem Weg zur Heiligkeit,
beschütze mich vor dem Bösen und jeder Sünde.
Ich lobe dich und danke dir,
weil du dich voll und ganz
der Anbetung und dem Lobpreis
Gottes, der Quelle aller Liebe, weihst.
Ich lobe dich und liebe dich,
weil du dich in Freiheit geweigert hast,
dich den aufständischen Engeln anzuschließen,
um auf ewig
unserem geliebten Schöpfer,
dem dreifaltigen Gott,
zu dienen und ihn anzubeten,
dem auch ich mein Leben weihe

---

14. Morgens und abends, gegebenenfalls auch häufiger zu beten.

und den ich an deiner Seite
von Angesicht zu Angesicht betrachten
und anbeten will
in einer Ewigkeit voller Wonnen.
Amen.

«An meinen Schutzengel»,
von Therese von Lisieux, Kirchenlehrerin[15]

Ruhmreicher Hüter meiner Seele,
der du im schönen Himmel erstrahlst
wie eine reine, milde Flamme
am Thron des Ewigen;
du kommst für mich auf diese Erde,
schöner Engel, und indem du mich
mit deinem Glanz erleuchtest,
wirst du mir Bruder, Freund und Tröster.

Da du meine große Schwachheit kennst,
leitest du mich an deiner Hand;
und ich sehe, wie du zärtlich
den Stein vom Weg entfernst.
Deine sanfte Stimme mahnt mich stets,
nurmehr die Himmel anzuschauen,
je kleiner und demütiger du mich siehst,
desto strahlender wird deine Stirn.

O du, der du noch schneller als der Blitz
den Raum durcheilst,

15. Gedicht, das die heilige Therese vom Kinde Jesus und vom heiligen Antlitz im Februar 1897, sieben Monate vor ihrem Tod, geschrieben hat.

flieg oft an meiner Stelle
zu denen, die ich liebe,
mit deinem Flügel trockne ihre Tränen
und sing davon, wie gut Jesus ist!
Sing, dass das Leiden Schönheit hat,
und sprich ganz leise meinen Namen.

Ich will in meinem kurzen Leben
die Sünder, meine Brüder, retten;
o schöner Engel meiner Heimat,
gib mir deinen heiligen Eifer.
Ich habe nichts als meine Opfer
und meine übergroße Armut;
vereine sie mit deinen reinen Wonnen
und bring sie dar der Dreifaltigkeit.

Dein sind das Reich und der Ruhm
und die Schätze des Königs der Könige.
Mein ist das Brot der heiligen Schale,
mein ist der Schatz des Kreuzes.
Mit dem Kreuz und mit der Hostie
sowie mit deiner himmlischen Hilfe
erwarte ich vom anderen Leben
in Frieden das ewige Glück.

Weihe an den Herrn durch den heiligen Erzengel Michael

Heiliger Erzengel Michael,
du Fürst des Himmels und Hüter der Kirche,
ich trete vor dich hin
mit meinem Schutzengel,
dem Zeugen meiner Verehrung für dich;
ich erwähle dich heute
zu meinem Beschützer
und Anwalt beim Herrn;
ich verpflichte mich, dich mein Leben lang zu ehren.
Willige ein, dass zwischen meinem und deinem
Herzen ein sehr festes Band
der Abhängigkeit und Freundschaft entsteht.
Gib mir ein, unter allen Umständen
so zu leben und zu handeln,
dass Jesus Christus und seine heilige Mutter
in mir Trost und Freude finden,
zur Ehre unseres geliebten Vaters,
in der Liebe des Heiligen Geistes. Amen.

Inhaltsverzeichnis